中南财经政法大学经贸系列文库

U0729524

中国服务业出口的
本地市场效应研究

ZHONGGUO FUWUYE CHUKOU DE
BENDI SHICHANG XIAOYING YANJIU

李敬子／著

中国财经出版传媒集团

经济科学出版社
Economic Science Press

图书在版编目（CIP）数据

中国服务业出口的本地市场效应研究/李敬子著.
—北京：经济科学出版社，2016.11
（中南财经政法大学经贸系列文库）
ISBN 978 - 7 - 5141 - 7509 - 7

Ⅰ.①中… Ⅱ.①李… Ⅲ.①服务业 – 出口贸易 –
研究 – 中国 Ⅳ.①F752.68

中国版本图书馆 CIP 数据核字（2016）第 296073 号

责任编辑：王柳松
责任校对：刘　昕
版式设计：齐　杰
责任印制：邱　天

中国服务业出口的本地市场效应研究

李敬子　著

经济科学出版社出版、发行　新华书店经销
社址：北京市海淀区阜成路甲 28 号　邮编：100142
总编部电话：010 – 88191217　发行部电话：010 – 88191522
网址：www. esp. com. cn
电子邮件：esp@ esp. com. cn
天猫网店：经济科学出版社旗舰店
网址：http://jjkxcbs. tmall. com
北京万友印刷有限公司印装
880×1230　32 开　6.25 印张　170000 字
2016 年 11 月第 1 版　2016 年 11 月第 1 次印刷
印数：0001—1200 册
ISBN 978 - 7 - 5141 - 7509 - 7　定价：32.00 元
（图书出现印装问题，本社负责调换。电话：010 – 88191510）
（版权所有　侵权必究　举报电话：010 – 88191586
电子邮箱：dbts@ esp. com. cn）

在服务全球化背景下，中国积极主动地选择了服务业开放战略，通过加入 WTO 和签署双边或区域自由贸易协定来推动服务贸易自由化，并依托劳动力禀赋优势的出口导向型增长模式，服务贸易的出口规模与行业结构呈现出快速扩张和优化发展的态势，成为全球第五大服务贸易出口国。无论是基于产业层面的比较优势理论，还是基于企业和产品层面的新新贸易理论都认为服务业出口竞争力取决于其发展水平。然而，中国服务业整体发展水平相对落后，人力资本和技术要素也并不充裕，并且受金融危机爆发以来欧美经济发展不景气、国内中小企业融资困难、劳动力成本上升和原材料价格等因素的影响，中国服务业发展面临着外需不足和成本增加的双重困境，粗放型贸易增长方式难以为继。因此，传统比较优势理论与要素禀赋理论并不足以解释当前中国服务业出口规模及其行业结构的发展变化趋势。

基于此，本书研究为中国服务业出口寻求构建新型比较优势提出了全新的解释维度，即本地市场效应：一国内需市场的稳定和扩大所带来的规模生产和生产效率改进能够促进出口。在推动实施服务贸易开放平衡战略和寻找服务贸易可持续发展路径的背景下，检验本地市场规模扩大是否会对服务出口产生促进作用具有重要的理论意义和政策意义。本书试图回答以下问题:第一,除比较优势以外,本地市场规模的持续扩大是否也是形成中国服务业出口竞争力的重要因素? 第二,需求结构的差异,是否会对中国服务业出口产生影响? 第三,在参与区域服务贸易自由化进程中,具有不同资源禀赋和技术水平异质性的服务行业其本地市场效应是否存在着差异? 对于这些问题的回答,本书采用了理论分析、数理模型、数值模拟和计量分析相结合的研究方法。

首先,本书从理论层面探究其内在的逻辑联系,拓展了验证本地市场效应的经典引力模型。一方面,首先放松位似偏好假设,将 CD – CES 效用函数与 Stone – Geary 偏好结合,然后将反映非位似偏好的需求结构引入服务业出口贸易模型中,进而将总需求分解为需求规模与需求结构,并分离出不同收入群体对分类型服务业的差异化需求,最后模拟了服务业出口本地市场效应的存在性,深层次地洞悉了需求规模与需求结构对服务业出口的共同作用机制。结果发现,相对总需求是相对需求规模与相对需求结构的增函数,当本国相对需求规模和需求结构均较大时,两者相互强化,从而导致了服务业出口的本地市场效应;另一方面,首次放松服务企业同质性假设,引入服务企业异质性假设,构建了两国框架下的服务企业贸易模型,对本地市场效应的存在及条件进行了理论推导,结果发现服务业的本地市场效应是否成立,取决于两国的相对市场规模、要素禀赋、消费者相对需求偏好、服务贸易自由度、技术差异等因素的影响。

其次,本书分析了中国服务业出口的特征事实,并以经典本地市场效应检验为基准,采用 2000~2013 年中国与 41 个主要贸易伙伴的服务业双边贸易面板数据,构建基于非位似偏好和服务企业异质性的计量模型,从整体、分类型、分部门服务业验证本地市场效应的存在性。结果发现:

第一，中国整体服务业出口存在本地市场效应，且比较优势对服务业出口的促进作用大于本地市场效应。

服务产品内需市场的扩大，会对出口产生促进作用，增加资本要素禀赋比例、高收入群体数量、提高服务贸易开放水平和技术水平也会对出口产生积极影响，并有利于增强本地市场效应的发挥。内生性检验发现，相对市场规模是外生变量，其与相对出口之间只存在一种因果关系，即一国市场规模的扩大有利于促进服务业出口的增加。面板门槛回归结果发现，当相对市场规模越大时，需求结构对本地市场效应的强化效应越大。

第二，分类型与分部门服务业出口的本地市场效应存在差异性。

就服务功能而言，生产性服务业具有需求规模和需求结构作用的本地市场效应，而消费性服务业仅表现出需求结构作用的本地市场效应；无论是生产性还是消费性服务业，当相对市场规模越大时，需求结构强化本地市场效应的作用越显著。就要素密集程度而言，技术与知识密集型服务业本地市场效应强于资本密集型服务业，而劳动密集型服务业不存在。就分部门服务业而言，运输、建筑、通信、金融、保险、计算机信息和政府服务具有本地市场效应，而旅游、个人文化娱乐服务、版税及许可费服务和其他商业服务不具有本地市场效应。

李敬子

2016.8

目 录

绪　　论

1.1　研究背景

（1）服务全球化已成为当前经济全球化的主导力量和重要内容

服务全球化是近十余年来经济全球化进程中最鲜明的阶段特征，影响广泛深刻，与就业、增长、分工体系、结构平衡、全球治理、可持续发展等全球经济发展中的重大议题密切相关（Bryson，Daniels，1998；Grünfeld，Moxnes，2003；江小涓，2008；程大中，2008；裴长洪，2014）。根据 WTO 国际贸易统计数据库，1980～2000 年，国际服务贸易的年均增长率为 6.62%，比同期货物贸易年均增长率高 0.69 个百分点；2000～2013 年，国际服务贸易的年均增长率更高达 8.91%，比同期货物贸易年均增长率高 0.46 个百分点。相应地，服务贸易在全球贸易总额中的比例由 2000 年的20.84% 提高到 2013 年的 21.89%，服务业跨国投资在全球投资总额中的比例也由 2000 年的 52.95% 上升到 2012 年的 70.40%。这些证据表明,服务全球化已经成为全球化的主导力量和重要内容。在这一过程中,科技创新、服务业 FDI 和制度变革对服务业发展走向全球化起到了主要的推动作用(裴长洪,杨志远,2012),尤其是缔结"区域服务贸易安排"等措施带来的区域服务贸易自由化,已成为全球服务贸易快速增长的重要加速器(周念利,2012)。目前,受区域服务贸易规则与相关承诺约束的服务贸易,已占全球服务贸易总额的 80% 以上。

(2) 中国参与区域服务贸易自由化程度不断加深

由于"多哈回合"谈判受阻甚至一度中止,促使目前全球性的区域贸易自由化迅猛发展。在过去 30 年中,许多国家实施了单边、双边或多边贸易自由化战略,中国也不例外。服务业市场开放是中国新一轮对外开放的重点领域。根据商务部官方网站资料,目前,中国正与 32 个国家(地区)建立 20 个自贸区,如:中国香港、中国澳门、中国台湾、智利、巴基斯坦、东盟、新西兰、新加坡、秘鲁、哥斯达黎加、瑞士、韩国、澳大利亚等。此外,中国在国内设立上海、广东、天津、福建四大自由贸易试验区,全面提高开放型经济水平,完善互利共赢、多元平衡、安全高效的开放型经济体系。

(3) 中国服务业发展面临外需不足和成本增加的双重困境

长期以来,中国低廉的劳动力成本和外商直接投资是拉动经济出口增长的主要推动力。然而,在当今纷繁复杂的国际形势下,中国在促进服务业发展过程中遇到了一系列问题和难题。比如,自2003 年以来,"长三角"和"珠三角"等经济发达地区出现了"民工荒"现象,凸显出中国劳动力供给的结构性问题,无限劳动力供给特征逐渐消失,刘易斯拐点已初见端倪(蔡昉,2007);"民工荒"现象暴露出中国长期依靠要素比较优势的发展局限性。随着中国经济快速发展,《中华人民共和国劳动法》等关于劳工权益、权利保障的逐渐完善,劳动力工资上升成为必然趋势;国际产业逐渐向中国周边的发展中国家转移,这些发展中国家如越南、老挝等利用更廉价的劳动力优势来复制中国的出口导向型发展模式;欧盟部分国家主权信用评级下降引发的欧债危机;来自美国、欧盟、澳大利亚等发达国家或地区的贸易壁垒,如中国自"入世"以来共遭遇贸易救济调查案件 842 起,涉案金额 736 亿美元;① 金融危机爆发以来,欧美经济发展不景气、失业率上升,"量化宽松"导致美元贬值;国内企业赋税较重,融资成本增大、物价不断上升和大宗原材料价格波动等带来的生产成本上升。这些内外部经济冲击所带来的外需不足和营商成本日益增长的双重困境,成为制约中国服务业发展的障碍和"瓶颈"。

(4) 中国服务业出口规模快速扩张,行业结构不断优化

服务业与服务贸易的发达程度,是一国经济社会发展水平的基本标志,中国服务业的飞速发展为中国经济又快又好地发展提供了坚实基础和发展源泉(Coffey, Polese, 1989;江小涓, 李辉, 2004;王恕立, 胡宗彪, 2012)。作为全球最大的发展中国家,中国围绕加快转变经济发展方式、实现国民收入倍增计划和迈向中等发达国家行列等目标,积极主动地选择了服务业开放战略,通过加入 WTO 和签署双边或区域自由贸易协定推动服务贸易自由化,实现了服务业出口规模的快速增长和行业结构的优化调整。

根据联合国贸发会议数据库,2000～2013 年,中国服务出口额由 304.30 亿美元增加到 2060.18 亿美元,年均增长率达 15.85%,

---

① 资料来源:中华人民共和国商务部网站。

即使在 2005～2013 年经历全球金融危机时期，中国服务出口年均增长率也达到 13.58%，远高于同期世界服务出口 7.88% 的年均增长率，也高于欧盟 28 国 6.59%、美国 7.70% 和日本 3.74% 的年均增长率；同时，中国服务业出口总额排名由 2000 年的第九位上升到 2013 年的第五位。在服务出口规模快速增长的同时，中国服务出口结构也发生了较大变化。2000～2013 年，中国生产性服务出口年均增长率为 20.25%，远高于消费性服务 9.38% 的出口年均增长率。从分部门来看，旅游、运输等传统服务出口占全部服务出口的比重明显下降，两部门合计下降了 22.03%，而建筑、计算机和信息、保险、金融等现代服务部门的出口比重则分别上升了 3.20%、6.32%、1.59% 和 1.29%。从竞争力来看，计算机和信息、建筑、金融、保险等生产性服务业贸易竞争力指数，分别从 2000 年的 0.15、-0.25、-0.11、-0.92 增加到 2013 年的 0.44、0.47、-0.07、-0.69。这种贸易结构的优化，反映了中国服务出口已逐步形成了新的竞争优势。

1.2 研究问题与研究意义

1.2.1 研究问题

问题一：除比较优势以外，本地市场规模的持续扩大是否也是形成中国服务业出口竞争力的重要因素？

基于以上背景事实，从国际贸易理论的角度来看，中国服务贸易的出口规模与行业结构呈现出快速扩张和优化发展态势的理论机制是什么？无论是基于产业层面的比较优势理论，还是基于企业和产品层面的新新贸易理论都认为，服务业出口竞争力取决于本国服务产业的发展水平。但是，目前中国的服务业整体发展水平还相对落后，并且人力资本和技术要素相对也并不充裕（裴长洪，杨志远，2012）。因此，传统比较优势理论并不足以解释目前中国服务业出口及其行业结构的发展变化状况。本书认为，在服务全球化背景下，中国服务出口还存在另一种作用机制，即本地市场效应（Home Market Effect）：一国内需市场的稳定和扩大，所带来的规模生产和生产效率改进能够促进出口（Krugman，1980）。这一作用机制有别于传统比较优势理论，后者强调国内需求市场规模较大的国家将成为净进口国。那么，除了由要素禀赋引致的比较优势以外，中国服务业发展是否还存在其他促进服务业出口的作用机制？本地市场规模的持续扩大，能否成为中国服务业出口竞争力的重要因素？

问题二：需求结构的差异是否会对中国服务业出口产生影响？

重叠需求理论认为，一国平均收入水平是影响其需求结构的最主要因素，收入水平不同，对不同产品的需求偏好也会改变，两国之间消费的偏好越相似，需求结构越相近，贸易往来就越密切。在全球各国收入水平不断提高的同时，各国之间收入差距不断拉大，消费者对不同产品的收入弹性也会不同，从而导致各国的需求结构也会存在差异且不断改变。在未来较长一段时期内，中国服务出口和本地市场需求都将处于不断发展变化的动态环境中。随着全球各国收入差距扩大所带来的需求偏好和服务贸易政策环境的不断变化，需求结构差异会对中国服务出口产生什么影响？这也是本书研究探讨的重要问题。

问题三：在参与区域服务贸易自由化进程中，具有不同资源禀赋和技术水平异质性的服务行业，其本地市场效应是否存在着差异？

异质性贸易理论认为，由于企业需要支付一定的固定成本才能出口，企业出口生产率水平存在一个临界值，只有高于该临界值的高生产率企业才会选择出口，中等生产率企业只在本地市场经营，而低于这一生产率水平的企业则会被市场淘汰而退出市场。由于服务业存在构成多样、性质差异和目标多元等复杂性，并且各服务业分行业的资源禀赋、技术水平千差万别，导致生产效率差异显著，那么，在参与区域服务贸易自由化进程中，不同类型服务行业的本地市场效应是否又存在着差异呢？

1.2.2　研究意义

在推动实施服务贸易开放平衡战略和寻找服务贸易可持续发展路径的背景下，检验本地市场规模扩大是否会对服务出口产生促进作用具有重要的理论意义和现实意义。

1. 理论意义

迄今为止，有关本地市场效应的理论与经验研究大多集中于货物贸易，对服务贸易的涉及相对较少，尤其是对发展中国家服务贸易的研究更少。目前，基于服务业的本地市场效应研究还处于起步阶段，对本地市场效应在服务业发展中的内在机理和产生效应还存在很大的发展空间。对于这些研究，亟须相应的理论模型来支撑。

本书对中国服务业出口的本地市场效应研究，将为中国服务业出口寻求与构建新型比较优势提供一个全新的解释维度和有力的理论支撑。同时，本书首次尝试对经典本地市场效应模型进行拓展，通过放松位似偏好和企业或行业同质性假设，基于非位似偏好和服务企业异质性假设构建了更适于现实背景下服务业本地市场效应验证的理论模型。理论模型的拓展，丰富了服务贸易理论，为研究服务贸易其他选题提供了思路。

2. 现实意义

新常态背景下，中国正致力于加快经济结构的战略性调整，而贸易转型是中国经济结构调整的重要内容，也是决定其成败的重要因素之一。长期以来，已有的关注点几乎都集中于货物贸易的转型，但完整意义上的贸易转型问题不仅包括货物贸易，还应包括服务贸易，后者的重要性趋于上升。然而，由于欧债危机等外部冲击导致外需市场不足，人民币升值，中国国内物价不断上升和原材料短缺等带来的生产成本上升，各种服务贸易管制与壁垒等严重制约了中国服务业的发展，服务贸易整体竞争力较弱。中国《服务贸易发展"十二五"规划纲要》指出，努力扩大服务出口和扭转服务贸易逆差是当前中国服务贸易发展战略中需要着力解决的问题。①

党的十八大报告提出，要积极培育中国出口竞争新优势。本书基于本地市场效应理论，揭示了中国服务贸易快速发展的深层次动因与机制，为进一步发掘支撑服务贸易发展的内生动力提供了一个新的分析视角，对服务业对外贸易政策的制定具有一定的参考价值和借鉴意义。

1.3 研究思路与研究方法

1.3.1 研究思路

本书围绕中国服务贸易出口的本地市场效应的存在性，讨论了贸易自由化、需求结构、技术水平和资源禀赋差异对中国服务业出口的影响。具体而言，本书主要围绕以下三个问题开展：首先，除比较优势以外，本地市场规模的持续扩大是否也是形成中国服务业

---

① 资料来源：中国经济网。

出口竞争力的重要因素？其次，随着全球各国收入差距不断扩大，需求结构差异会对中国服务业出口产生什么影响？最后，在参与区域服务贸易自由化进程中，具有不同资源禀赋和技术水平异质性的服务行业其本地市场效应是否存在差异？

遵循以上问题，本书的研究思路如下：首先，通过梳理相关文献，掌握目前研究服务贸易出口影响机制的广度和深度，基于现有文献定性研究与定量研究的不足，明确本书的研究重点：通过检验本地市场效应的存在性，探索影响服务业出口的新的作用机制。其次，关于本地市场效应的检验，经典理论模型通过分析相对市场规模与相对出口之间的关系是否为正进行验证，在此基础上，本书考虑在实证模型中加入贸易自由化因素，分析服务业开放程度加深能否作为服务业出口的加速器。接着，本书放松经典模型中位似偏好、企业或行业同质性的假设，基于非位似偏好和服务企业异质性假设，构建更贴近现实的理论模型，并对理论模型中相对市场规模、相对需求结构等变量与相对出口之间的关系进行数值模拟。然后，构建计量模型，采用中国41个服务业主要贸易伙伴的11个分部门双边贸易数据，定量验证理论模型部分的结论，检验服务业出口的本地市场效应。最后，总结全书的主要研究结论，并进一步提出未来的研究方向。本书的逻辑关系，如图1-1所示。

1.3.2 研究方法

研究方法上，本书采用理论分析、数理模型、数值模拟和计量分析相结合的研究方法。在理论分析方面，基于比较优势、贸易自由化、需求偏好、异质性企业理论、本地市场效应理论等，分析服

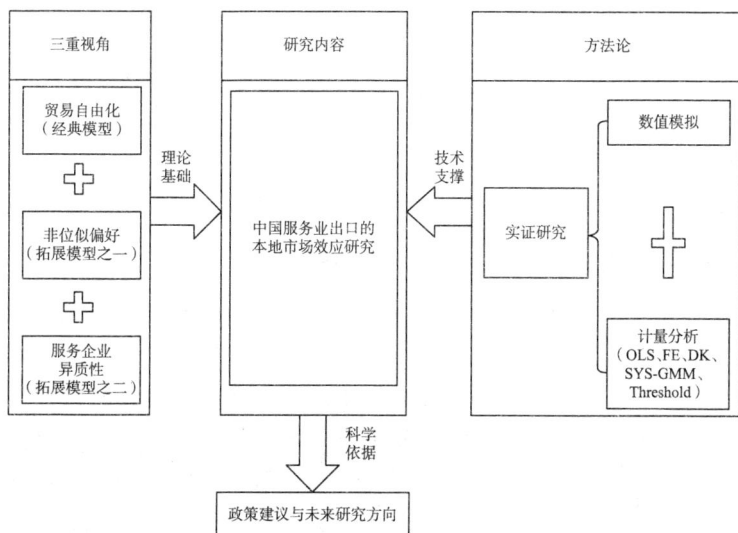

图 1-1 本书逻辑关系

务业出口的影响机制；在数理模型方面，分别在贸易自由化、非位似偏好和异质性企业情形下，构建服务业出口的本地市场效应理论模型，考察不同影响因素对服务业出口的作用机理；在数值模拟方面，采用 Matlab、Mathematica 软件，通过设定参数值来模拟出相对出口与相对市场规模、相对需求结构、贸易成本等变量之间的关系；在计量分析方面，采用 Stata 13.1 软件，通过静态面板下的 OLS、双向固定效应 FE、经过 Newey - West 修正 Driscoll和 Kraay 方法，面板门槛模型以及动态面板下系统 GMM 方法进行实证验证，并通过采用工具变量进行 GMM 估计，进一步通过识别不足、弱识别、过度识别、内生性检验来检验相对市场规模是否为外生变量，最后，通过更换指标衡量方法和样本的方式进行稳健性检验。

1.4 研究内容与结构框架

本书的研究共分为 7 章，具体安排如下：

第 1 章，绪论。作为研究的开篇，主要介绍了本书的研究背景、研究问题与研究意义，简要介绍了本书的研究思路、研究方法、研究内容与结构框架。

第 2 章，文献综述。由于本书的研究对象涉及比较优势、贸易自由化、需求偏好、异质性企业、本地市场效应等方面，因此本章在服务业可贸易性基础上也从这五个方面总结国内外相关文献，并进一步梳理现有文献的主要贡献与不足，从而确定本书的研究方向和主要研究内容。

第 3 章，理论模型。作为本书的理论部分，本章首先推导了本地市场效应的经典模型，并以此作为基准模型；然后，放松经典模型中的位似偏好假设，将 CD - CES 效用函数与 Stone - Geary 偏好结合，构建非位似偏好效用函数，并以相对平均收入水平来衡量相对需求结构，将相对总需求分解为相对需求规模与相对需求结构，来研究相对需求结构和相对需求规模对服务业本地市场效应的共同影响；最后，放松企业或行业同质性假设，引入服务企业异质性假设，构建了两国框架下的服务企业贸易模型，对本地市场效应的存在及条件进行了理论推导。此外，分别对三个理论模型中的变量设定参数进行模拟，进一步验证变量之间的相互关系。

第 4 章，经典模型下服务业出口的本地市场效应研究。该章分为 4 节，首先，通过统计性描述分析了中国服务业出口的特征事实；其次，构建实证模型；然后，进行样本选择、变量选取与数据来源说明；接着，进行实证分析，分别验证了中国整体服务业与分类型服务业出口的本地市场效应以及贸易自由化对本地市场效应的交互作用；最后，更换指标测度与样本，进行稳健性检验。

第 5 章，基于非位似偏好的本地市场效应研究。本章通过拓展经典引力模型来检验本地市场效应的存在性。首先，通过对比分析位似偏好与非位似偏好下的消费者需求，发现在非位似偏好下，一国的需求结构不仅取决于一国的总收入水平，还与收入在个体间的分配情况有关。然后，将需求结构纳入模型中，并在总需求中分离出需求规模与需求偏好两个层面，验证中国整体服务业与分类型服务业出口中需求规模与需求偏好作用的本地市场效应的存在性，并以相对市场规模为门槛变量，考察相对需求结构的分阶段和门槛效应；同时，进行内生性检验，分析相对需求结构是否为外生变量。最后，通过更换指标测度进行稳健性检验，进一步验证非位似偏好下中国服务业出口本地市场效应的存在性。

第 6 章，基于服务企业异质性的本地市场效应研究。本章在经典模型的基础上，首先，假定两国消费者需求偏好不同，然后放松企业或行业同质性假设，将服务企业异质性引入引力模型中，在产业垂直关联下构建了两国框架下的服务企业贸易实证模型，对本地市场效应的存在性进行验证。实证分析主要分四个步骤，首先，从静态和动态检验中国整体服务业出口的本地市场效应；然后，进行内生性检验，分析相对市场规模是否为外生变量，相对出口增加是否会反向影响相对市场规模的大小；接着，从功能和要素密集度两种分类方式，将服务业分为生产性服务业和消费性服务业，技术知识密集服务业、资本密集型服务业和劳动密集型服务业，分别验证分类型服务业出口的本地市场效应；最后，验证各服务业分部门出口的本地市场效应。

第 7 章，结论与政策建议。首先，对全书的主要结论进行归纳总结，并在此基础上从政府、企业层面提出相关的政策建议，然后，从学术层面探讨研究的局限性与未来的研究方向。

具体而言，本书的结构框架与技术路线，如图 1-2 所示。

文献研究	文献综述

比较优势 | 贸易自由化 | 需求偏好 | 企业异质性 | 本地市场效应

理论模型的构建

"三重视角"融合

贸易自由化（经典模型） | 非位似偏好（理论模型拓展一） | 服务企业异质性（理论模型拓展二）

数值模拟

数值模拟

Matlab ✚ Mathematica

实证研究

数据采集

采集对象：中国41个服务业主要贸易伙伴的11个分部门双边贸易

数据来源：联合国服务贸易数据库、OECD统计数据库、联合国贸发会议数据库、世界发展指标数据库、世界收入差距数据库、2000~2013年人类发展报告、加拿大弗雷泽研究所数据库、世界知识产权数据库等

实证模型

基于经典模型的本地市场效应研究（实证研究一） | 基于非位似偏好的本地市场效应研究（实证研究二） | 基于服务企业异质性的本地市场效应研究（实证研究三）

模型设定 | 计量分析 | 内生性检验 | 稳健性检验

研究结论

政策建议

政策建议、确定未来研究方向

政府层面 | 企业层面 | 学术研究方向

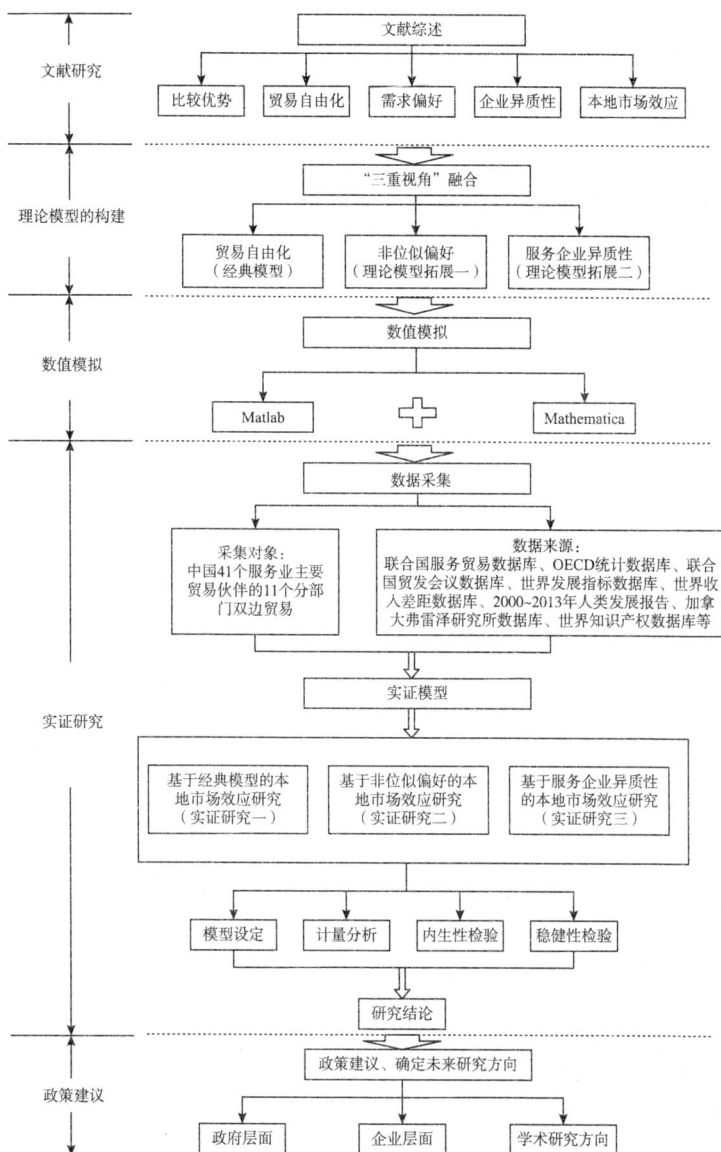

图 1-2　研究技术路线

1.5 可能的创新点

1. 研究内容的创新

迄今为止，有关本地市场效应的理论与经验研究大多集中于货物贸易，对服务贸易的涉及相对较少，尤其是对发展中国家服务贸易研究更少。目前，基于服务业的本地市场效应研究还处于起步阶段，本书尝试利用中国与主要贸易伙伴的服务业分部门双边贸易数据，检验中国服务业出口是否存在本地市场效应，本书基于本地市场效应理论揭示了中国服务贸易快速发展的深层次动因与机制，为服务贸易发展提供了一个新的分析视角。

2. 理论模型的创新

在理论模型方面，现有理论模型对本地市场效应的研究，主要基于消费者需求偏好相似、企业或行业是同质的这些基本假设，并没有识别到收入分配不均等、企业或行业的异质性。事实上，各国收入分配差异与企业或行业的异质性是显然存在的，并且从理论逻辑上会影响本地市场效应。已有文献证实，富国更倾向于出口奢侈品或高质量的产品，新新贸易理论也得出由于存在出口沉没成本，高生产率企业的出口倾向更高。因此，这种因需求偏好结构差异和企业异质性导致的出口倾向差异，可能会进而改变行业的相对出口规模。

基于这种考虑，本书拓展验证本地市场效应的经典引力模型。拓展之一是，首次放松位似偏好，将反映非位似偏好的需求结构引入服务业出口贸易模型中，将总需求分解为需求规模与需求结构，从而分离出不同收入群体对分类型服务业的差异化需求，并在经典本地市场效应模型基础上模拟了服务业本地市场效应的存在性，深层次地洞悉了需求规模与需求结构对服务业出口的共同作用机制；拓展之二是，首次放松服务企业同质性假设，在产业垂直关联下构建了两国框架下的服务企业贸易模型，对本地市场效应的存在及条件进行了理论推导。本书非位似偏好与异质性服务企业贸易模型的构建，是对现有本地市场效应研究的有益补充；同时，改变了现有本地市场效应研究文献基于需求偏好相似或企业同质性假设导致的与现实不符的问题，具有一定的理论创新。

3. 实证分析的创新

在拓展理论模型的基础上，本书首先对各模型中参数进行设置，采用 Matlab、Mathematica 软件进行数值模拟来分析各变量之间的关系；然后，根据中国与主要贸易伙伴服务业分部门的双边贸易数据，对静态面板回归中扰动项进行截面相关、异方差与序列相关的情况下，采用经过 Newey – West 修正标准误的 Driscoll 和 Kraay 方法来进行估计，而以往研究仅考虑静态 OLS 或 FE，同时，本书也采用面板门槛模型，识别出相对市场规模对相对需求结构的门槛约束效应，以及两者对服务出口的共同作用；此外，采用动态面板 SYS – GMM 方法，对工具变量进行识别不足、弱识别、过度识别检验，且通过基于差分 Hansen – J 的 C 统计量来进行内生性检验，考察了相对需求结构与相对市场规模的外生性；最后，构建了一个融合相对市场规模、要素禀赋、需求结构、贸易自由化程度和技术差异的检验模型，更加全面地分析了服务业出口的影响因素，并且，更好地衔接了服务业本地市场效应的理论模型与实证分析。

第2章

文 献 综 述

国际贸易产生的动因、模式与相关的福利效应，一直是国际贸易研究领域的核心问题。

在古典贸易理论中，李嘉图（Ricardo，1817）在其《政治经济学及赋税原理》中首次提出比较优势理论，认为相对劳动生产率的差异是国家间分工与贸易的基础，一国将出口本国具有相对成本优势的产品，进口具有相对成本劣势的产品。比较优势理论作为国际贸易理论的核心，作为所有贸易学说的基础理论，仅从静态视角进行分析，忽略了比较优势的动态变化，只解释了各国专业化分工下的贸易互利，并没能说明贸易利益将如何在贸易国之间进行分配，贸易品按照何种比例进行交换。随后，穆勒（Mill，1848）在其《政治经济学原理》中首次提出相互需求理论，该理论从相互需求角度出发，用本国出口商品的数量表示进口商品的相对价格，从而确定了商品交换的价格问题，进而根据交换比例的上下限确定贸易双方的获利范围，采用相互需求强度来解释贸易条件的变化，并基于贸易条件来说明和解释贸易利益在各国所占比例的分配问题。

新古典贸易理论中，赫克歇尔（Heckscher，1919）在《国际贸易对收入分配的影响》一文中，提出要素禀赋的基本观点，其学生俄林（Ohlin，1933）在《区域贸易和国际贸易》中创立了较完整的要素禀赋理论，即 H－O 理论。H－O 理论认为，即使两国技术水平相等，两国间相对要素禀赋的差异以及相对要素投入比例的差异也会导致两国间相对成本的差异，从而产生贸易：一国将生产并出口该国具有相对丰裕要素的产品，进口相对稀缺要素的产品，并从贸易中获利。H－O 理论将比较优势的分析视角从劳动生产率的差异转向生产要素供给的差异，认为要素资源差异是解释国际贸易产生的基础。

新贸易理论不同于新古典贸易理论从技术和要素禀赋差异来解释贸易，而是从技术差距、需求和供给等不同视角来进行解释。就技术差距视角而言，波斯纳（Posner，1961）在其论文《国际贸易与技术变化》中，拓展和创新了 H－O 理论，提出技术差距理论（Technological Gap Theory），该理论认为除资本、劳动要素外，技术要素也是一种生产要素，拥有技术比较优势的国家将出口技术知识密集型产品。当技术被学习或模仿时，出口国的技术比较优势逐渐减弱或消失，导致贸易消失，并引发新的技术创新和进步以及新的贸易产生。

就需求视角而言，林德（Linder，1961）在其《论贸易和转变》中首次提出重叠需求理论（Overlapping Demand Theory），该理论首次从需求视角来解释贸易产生的原因，认为要素禀赋理论仅适用于解释初级品贸易，工业品贸易则是由国家间相互重叠需求决定的。该理论的基本观点为，需求偏好的相似程度决定了两国间的贸易流向和贸易流量，需求结构越相似，两国间的贸易往来越密切。一国平均收入水平，是影响其需求结构的最主要因素，当两国平均收入水平越接近时，重叠需求范围会越广，并且重叠需求的产品更可能成为贸易品。

就供给视角而言，迪克斯特和斯蒂格利茨（Dixit，Stiglitz，

1977）构建了 D – S 模型，分析了垄断竞争市场结构下企业规模经济与消费者需求多样化的两难问题：在规模经济条件下，企业扩大生产规模有利于降低单位生产成本，提高利润，但消费者对产品需求多样化，这样产品差异越大越难以进行规模经济。克鲁格曼（Krugman，1980）将垄断竞争市场结构和规模经济引入国际贸易，提出新贸易理论，认为即使各国要素禀赋、技术水平和偏好一致，通过专业化大规模生产差异化产品也可以进行产业内贸易，这样既有利于企业实现规模经济，也可以满足消费者的多样化需求。同年，克鲁格曼在研究大国与小国之间的贸易时发现，在一个存在规模报酬递增与贸易成本的世界中，当两国进行产品贸易时，一国对某种产品拥有相对较大的需求会促使该国提高效率，生产更高比例的该种产品，在满足该国需求之外还能增加出口，并将这一机制称为本地市场效应（Home Market Effect）。新贸易理论解释了传统比较优势和要素禀赋都不能解释的产业内贸易，为国际贸易开创了又一分支。

新新贸易理论中，梅里兹（Melitz，2003）以霍彭海因（Hopenhayn，1992）在一般均衡框架下构建的垄断竞争动态产业模型为基础，通过拓展克鲁格曼（Krugman，1980）的贸易模型，并引入企业生产率差异，构建异质企业贸易模型，来解释国际贸易对资源的重新配置和企业的出口决策行为。该文认为，同一行业中，不同企业拥有不同的生产率，由于固定成本的存在，企业只有支付固定成本才能进行出口，因而高生产率企业进入出口市场，低生产率企业只能继续留在本地市场或者被市场淘汰。新新贸易理论研究了古典贸易理论和新古典贸易理论都未能涉及的企业层面，并解释了企业的出口选择行为，将贸易理论推向了一个新阶段。

古典贸易理论、新古典贸易理论和新贸易理论都是从国家或产业层面来分析和解释贸易产生的原因、格局和对福利效应的影响。前两种贸易理论均建立在完全竞争、规模报酬不变的条件下，新贸易理论放弃了上述假设，引入垄断竞争和规模报酬递增条件，分析了发达国家之间的水平型产业内贸易，将贸易理论推向一个新的发展阶段。然而，无论是古典、新古典还是新贸易理论，都假设产业中的企业是同质的，但是现实世界中企业异质是普遍存在的，表现为企业的生产效率、规模大小、产品质量等。新新贸易理论沿用新贸易理论中的垄断竞争市场结构和规模报酬递增等假定条件，放松企业同质性假设，引入企业异质性，解释了企业的出口选择行为，发现贸易会促使市场份额向高生产率企业靠近，淘汰低生产率企业，并最终提高全行业的生产率。新新贸易理论将分析视角由产业层面扩大到企业层面，具有较大的理论突破。

无论是在理论研究还是实证分析中，古典贸易理论、新古典贸易理论、新贸易理论和新新贸易理论都被用于解释和分析商品贸易，这些贸易理论是否适合于分析服务贸易值得研究。本书接下来将分析古典贸易理论中的比较优势，新古典贸易理论中的要素禀赋理论，新贸易理论中的需求偏好理论、本地市场效应，新新贸易理论中的企业异质性理论等在服务贸易中的适用性，并结合服务贸易全球化背景，从需求和供给两个层面来分析这些理论在服务贸易中的作用机制。

2.1 服务业的可贸易性

2.1.1 服务业是可贸易的

服务业可贸易性研究，是服务贸易理论构建的逻辑起点。从直觉感观来看，服务通常是指，没有实物形态产出的经济活动，它具有服务供给和消费的同步性、服务过程的不可储存性与服务供给和需求个体的差异性等特征，因此一般认为服务具有"不可贸易性"。然而，事实上，服务可以被认为是对已经存在的商品和消费者状态的转换，例如，电影制作对已经存在的但是内容空白的胶卷的转换，健康服务是通过提高健康状况转换消费者，服务只有被购买或消费之后才能被识别出质量好坏，如同经验商品一样（Hill，1977；Bryson，Daniels，1998；黄少军，2000）。

根据分工理论，商品和服务都可以还原为一组要素集合，服务贸易如同商品贸易一样，也是一组要素集合的贸易。就生产而言，生产服务与生产商品一样，都需要组合使用生产要素，而且各类要素持有者以利润、租金和工资的形式获取相应报酬；就消费而言，消费者均可以从商品和服务来获取等价的效用；就贸易而言，通讯服务、研发设计、金融等生产性服务往往融合在商品中一起进行贸易（江小涓，2008）。由于资金、技术等要素流动性好，普通劳动力流动性较差，通过要素流动改变要素禀赋需要较长时期，贸易双方的相对价格存在差异，因而李嘉图比较优势理论、H－O 要素禀赋理论同样适用于解释服务贸易（Bhagwati，1984；Falvey，Gemmell，1996；江小涓，2008；Nasir，Kalirajan，2013）。詹森（Jensen，2011）认为，服务业生产和消费的不对称性导致当地服务业产出没有被消费的部分被"贸易"到其他地区，将这种不对称性的存在理解为服务贸易存在的证据。詹维斯和詹森（Gervais，Jensen，2013）通过对美国 900 多个服务业和制造业企业的研究发现，可贸易的服务业解释了经济活动的很大比例；然而，服务业内部各部门的可贸易性存在很大的差异，商业服务业与制造业具有相似的可贸易性。并且，当服务业部门贸易自由化程度是制造业部门贸易自由化程度的两倍时，服务贸易自由化政策对收益的影响比制造业贸易自由化政策对收益的影响更大。

服务全球化和国际分工深化，在很大程度上改变了服务"不可贸易"的传统定义和相应特征，许多变化是革命性而不是边际性的。比如，从技术创新层面来看，ICT 技术发展和科技创新直接推动了服务业的"可贸易性革命"和劳动力"虚拟跨境流动"，生产与服务过程可分离性的一个直接结果是本土和离岸服务外包业务在全球迅猛发展（Freund，Weinhold，2002；Jeffrey，2006；江小涓，2008；Choi，2010；Miroudot et al.，2012）；从服务生产运营过程来看，服务部门具有不完全竞争、服务业尤其是生产性服务具有规模报酬递增和服务产品差异性等特点（Jones，Kierzkowski，1986；Markusen，1989；Marrewijk，et al.，1996；Grossman，Maggi，2000）；从服务消费角度来看，服务消费具有收入弹性大、结构趋同和需求多样化等特征（Francois，1990；Baier，Bergstrand，2001）。从服务制度创新层面来看，各国扩大服务业开放显著减少了体制障碍和降低了跨境交易成本，极大地促进了服务业 FDI 国际直接投资和全球服务贸易发展（裴长洪，杨志远，2012）。因此，传统贸易理论的分析框架难以解释服务贸易领域发生的这些深刻变化，同时，发达国家之间大量的水平型服务贸易的出现和发展水平相似国家之间服务贸易的快速增长，也难以应用比较优势和要素禀赋理论进行有效地解释。

2.1.2　服务业的贸易成本高于制造业

由于服务业自身的特征和服务市场的特殊性，世界各国的服务业贸易壁垒普遍高于制造业贸易壁垒。基穆拉和李（Kimura，Lee，2006）认为，服务业生产和消费的同时性，决定了服务贸易交易成本比货物贸易交易成本大。赫夫鲍尔等（Hufbauer et al.，2010）研发得出"金砖"国家服务关税壁垒为 60%，制造业为 12%；发达国家制造业平均壁垒为 4%，服务业平均壁垒为 7%。詹维斯和詹森（Gervais，Jensen，2013）基于规模报酬递增、偏好多样性、生产成本的区域异质性与存在贸易成本等假定，以美国 1997～2007 年 NAICS 6 位数 900 多个服务业和制造业产业、企业为研究对象，通过构造制造业和服务业的两类贸易成本模型，并界定门槛值来分析服务业的可贸易性。研究发现，服务业交易成本高于制造业，服务业平均可贸易性低于制造业。欧盟、美国、日本、德国、中国等国家的服务贸易成本是货物贸易成本的 2~3 倍，在过去的几十年中，货物贸易成本大幅度下降，服务贸易成本相对稳定。

2.1.3 服务业的特性

现代服务业是依托于信息技术和现代化管理理念发展起来的新兴服务产业，具有高技术含量、高知识含量、高人力资本含量、高附加值，同时，还具有低能耗、低物耗和低污染等新经济特点。以网络技术为核心的信息技术发展，使服务企业及其产品的跨国可迁移性大大增强，人机交互、机机交互大大降低了服务提供者和顾客的交互程度（吴晓云，张峰，2010）。国内许多学者根据要素密集程度，将计算机和信息服务、金融、保险、通信、专有权利使用费和特许费、咨询、广告、宣传、电影、音像和其他商业服务等划分为技术与知识密集型服务业，如陈虹和章国荣（2010），唐保庆等（2011，2012）。在服务贸易中，生产性服务占 2/3 以上的比重，生产性服务业进入门槛高，属于高度专业化的知识密集型服务业（江小涓，2008），生产性服务业的飞速发展是近年来服务贸易加快发展的重要原因。通过生产性服务贸易有利于专业化生产，外包规模不断扩大，单位生产性服务产品的成本会迅速下降，存在规模报酬递增，有利于促进经济实现"非线性的飞跃"（Jensen，Tarr，2012）。

2.2 比较优势与国际贸易

比较优势理论和要素禀赋理论，作为解释国际贸易产生与发展的最基本理论,具有普遍适用性。因而,对于服务贸易的纯理论研究,学术界也首先从比较优势理论和要素禀赋理论是否适用于解释服务贸易产生和发展开始。

长期以来,比较优势理论和要素禀赋理论主要用于解释商品贸易,在对服务业可贸易性(Hill, 1977)和传统分工理论适用性(Sapir, Lutz, 1980;Bhagwati, 1984)的研究过程中,迪尔多夫(Deardorff, 1985)首次正式将服务部门纳入国际贸易理论的分析框架,基于完全竞争、规模报酬不变和要素非跨国流动等假设,将服务贸易分为商品贸易的补充形态、相关要素流动与包含稀缺要素三种形态,并基于一般均衡分析和比较分析,建立理论模型,探讨了比较优势理论能否运用于服务贸易研究,研究得出,由于服务贸易与人力资本有特殊密切的关系,在区分人力资本的差异后,发达国家和发展中国家之间的服务贸易格局符合各自的要素禀赋,即发达国家主要出口相对高水平人力资源密集的服务,发展中国家主要出口相对低水平人力资源密集的服务,从而揭示了比较优势理论同样可以用于解释服务贸易。

亨德雷和史密斯(Hindley, Smith, 1984)认为,比较优势理论作为一种简单而强有力的思想,能够超越商品和服务的区别,具有普遍有效性,完全可以用来解释服务贸易。

阿尔维和格梅尔(Falvey, Gemmell, 1996)研究发现,发达国家在金融、工程咨询等资本技术密集型服务业上相对价格较低,发展中国家在工程承包与建筑等劳动密集型服务业上具有比较优势。服务贸易产生的基础,是服务业相对价格的差异,而这些价格差异主要是由各国的要素禀赋差异决定的,从经验研究上证实了要素禀赋理论在服务贸易领域的适用性。

江小涓(2008)认为,服务贸易也是一组要素集合的贸易,由于资金、技术等要素流动性好,普通劳动力流动性较差,通过要素流动改变要素禀赋需要较长时期,贸易双方的相对价格是存在差异的，解释了比较优势理论与要素禀赋理论对服务贸易的适用性。

程大中（2008）利用 1997～2005 年中美双边服务贸易数据分析了两国的产业内贸易情况，发现中美服务部门产业内贸易总体水平高达 0.80 左右，中美服务贸易增长主要是产业内贸易推动的，而人均收入水平差异、市场规模差异和贸易自由化水平差异是主要的影响因素。在服务业分部门产业内贸易水平比较方面，客运、旅游等服务部门产业内贸易水平最高，金融、教育等服务部门产业内贸易水平最低。

陈虹和章国荣（2010）通过计算国际市场占有率、TC 指数、RCA 指数等，得出中国服务贸易整体国际竞争力较低，并基于波特的"钻石模型"理论，运用协整分析和误差修正模型进行实证分析，得出人均收入、人力资本、服务贸易开放度和服务业发展水平是影响中国服务业国际竞争力的重要因素。

裴长洪和杨志远（2012）分析发现，2000 年以来服务贸易加速发展的原因，发现科技创新、FDI 和制度变革是造成服务贸易发展快于服务业发展的主要原因。

刘文革等（2013）研究了中国承接离岸外包的影响因素时，发现要素禀赋仍然是决定中国离岸外包分工的重要因素，且交易成本能在很大程度上修正要素禀赋的比较优势。

可见，国内外学者都将比较优势理论和要素禀赋理论运用到服务贸易领域中，说明比较优势理论和要素禀赋理论适用于解释服务贸易的产生和发展。

2.3 需求偏好与国际贸易

林德（Linder，1961）的重叠需求理论，最早将需求偏好与国际贸易联系起来，认为一国企业将生产符合该国消费者偏好的产品，同时将产品销售到具有相似偏好的其他国家或地区。重叠需求理论认为，一国相对总水平和平均收入水平是影响该国需求结构的最主要因素，两国平均收入水平越接近，需求偏好越相似，需求结构越相近，则两国之间的贸易往来就会越密切，重叠需求理论解释了平均收入水平相似的发达国家之间大量的产业间贸易。

位似偏好（homothetic preferences）认为，随着收入水平的增加，人们对商品的需求会呈同等比例的增加，收入—消费扩展线是一条直线。然而，现实中位似偏好的假设并不成立，也不合理（Hunter，Markusen，1988；Bergstrand，1990）。对于不同类型的商品，收入增加的比例与需求增加的比例并不相同，消费者的偏好是非位似的（Non – homothetic Preferences）。汉密尔顿（Hamilton，2001）分析了美国 1950 ~ 1994 年的食品支出比例与收入情况，以 1968 年为基期（设值为 1），人均收入从 1950 年的 0.65 增长到 1994 年的 1.52，食品支出预算比例从 1950 年的 26% 下降到 1994 年的 14%。

亨特（Hunter，1991）假定存在两种产品：必需品和奢侈品，其中，必需品需求收入弹性小于 1，而奢侈品需求收入弹性大于 1，低收入水平消费者只消费必需品，而高收入水平消费者可同时消费这两种产品，并估计了收入—消费扩展线。研究得出，人均收入水平决定了消费者的总需求，收入增加将促使消费者对奢侈品的预算份额增加。然而，该文设定的收入扩展性为线性，说明当收入水平保持不变时，收入的再分配不会对必需品和奢侈品的需求产生影响，因而未能分析出收入分配结构的变化对需求结构变化的影响。

弗朗索瓦和卡普兰（Francois，Kaplan，1996）研究发现，非位似偏好和收入水平是影响总需求和贸易类型的重要因素，而人均收入水平和收入分配结构对于影响 Linder 型产品的总需求同样重要。

达林等（Dalgin et al.，2008）基于非位似偏好研究了收入分配对必需品和奢侈品进口需求的影响，得出收入分配对进口需求具有决定作用，随着进口国收入分配不平等程度的加剧，对奢侈品相对进口需求不断增加，而对必需品相对进口需求减少。

费根鲍姆等（Fajgelbaum et al. , 2011）通过构建不同质量产品的非位似偏好模型，研究了收入分布对出口商品结构的影响，得出在非位似偏好假设下，收入在个体间的不同分配情况将会通过影响需求结构来影响贸易总量与结构，富国将进口低质量产品，出口高质量产品。

国内学者基于非位似偏好假设的研究，主要集中在技能溢价、股市变动、居民的电力需求等方面的影响。张先锋和阮文玲（2014）采用 1999~2011 年中国 28 个制造业分行业面板数据，运用系统 GMM 方法分析了非位似偏好和本地市场效应对技能溢价的影响，研究发现非位似偏好下，消费结构的变化增加了企业对高技能劳动力的相对需求，扩大了技能溢价水平；而在具有本地市场效应的行业中，非位似偏好对技能溢价具有先扩大、后缩小的倒"U"型影响。张学勇和陶醉（2014）研究了收入差距变化对股市波动率的影响，得出收入差距扩大会加剧一国股市波动，尤其在发展中国家表现得更为明显，其原因是当收入差距拉大时，交易成本的存在促使股票市场参与率降低，从而引发风险分担不足，进而导致股市面临内外生冲击时波动加剧。刘自敏等（2015）利用上海和杭州 2009 年 1 月~2011 年 12 月用电数据和相关调查问卷数据，比较了分时阶梯定价和纯分时定价两种定价体系下居民的电力需求特征，发现不同收入群体在纯分时定价下为电费的同位似偏好，而在分时阶梯定价下存在电费的非位似偏好，并且中低收入群体收入具有同位似偏好，中高收入群体收入存在非位似偏好。

已有文献对需求结构差异与国际贸易关系的研究较为匮乏，极少数的研究也主要集中在制造业贸易方面，如文洋和张振华（2011）、张亚斌等（2012），前者研究发现，中国收入差距扩大会增加对奢侈品的进口需求，后者认为除了需求规模能促使中国制造业产生本地市场效应，需求结构的变化也会影响制造业的出口状况。基于非位似偏好与服务贸易关系的研究，仅有阚大学和吕连菊（2014），该文发现需求结构的本地市场效应对生产性服务业和消费性服务业出口具有较大差别，前者具有强化作用，后者则具有弱化作用，然而，该文并没有相关的理论模型分析。

2.4　本地市场效应

2.4.1　本地市场效应的含义

1. 本地市场效应的称谓

按照克鲁格曼（Krugman，1980）对本地市场效应（Home Market Effects）的理解，本地市场效应是指，在一个垄断竞争、规模报酬递增和存在贸易成本的世界中，当两国进行不同产品贸易时，拥有较大市场需求的国家会扩大规模、提高效率，生产更高比例的该种产品，在满足该国需求以外增加出口，从而使该国成为该产品的出口国。关于 Home Market Effects 的翻译，国内学术界出现了好几种称谓。包括本地市场效应（梁琦，2004；钱学锋，梁琦，2007；范剑勇，谢强强，2010；许统生，涂远芬，2010；钱学锋，黄云湖，2013；张先锋，阮文玲，2014 等）、本土市场效应（张帆，潘佐红，2006；杨汝岱，2008；邱斌，尹威，2010；陈丰龙，徐康宁，2012 等）、本地市场放大效应（安虎森，蒋涛，2006）、母市场效应（朱希伟等，2005；祁飞，李慧中，2011；宣烨等，2015）等其他相关称谓。

在国内，梁琦（2004）最早将 Home Market Effects 译为"本地市场效应"，钱学锋和梁琦（2007）认为，本地市场效应的应用范围比本土市场效应更加广泛，当研究国际贸易时，本土市场效应术语是合适的，但在研究国家内部区域间贸易时，本土市场效应就不太准确，而本地市场效应是合适的。因而，本书沿用国内大多学者的说法，也采用本地市场效应这一术语。

2. 本地市场效应的相关解释

（1）规模经济

新贸易理论认为，在要素禀赋、需求偏好和技术水平相似的情况下，垄断竞争厂商可以通过大规模生产差异化产品进行产业内贸易，不仅可以实现规模经济，也可以满足各国消费者的多样化需求。一般来说，产业所面临的市场规模越大，劳动力池、知识溢出和上下游产业关联促使产业实现规模经济的可能性就越大，产业规模经济将引发产业内专业化分工和贸易。

规模经济是指，在一定的要素组合下，随着生产规模的扩大，企业单位产品的成本下降。规模经济是产业内分工与贸易的动力条件，也是本地市场效应产生的必要条件。克鲁格曼（Krugman，1980）强调，生产差异化产品的厂商，总会靠近需求市场规模较大的地区，从而最小化产品从生产点到消费者手中的运输成本，进行集中生产，从而获得规模经济效益。霍姆斯和史蒂文斯（Holmes，Stevens，2005）将规模报酬递增产业分为低等、中等、高等程度规模经济，结果发现低等规模经济产业自给自足，小国将出口中等程度规模报酬产品，大国出口高等程度规模报酬产品。可见，高等程度规模经济产业将倾向于在大国集中。

（2）贸易成本

现实世界中，由于贸易成本的存在，垄断竞争厂商会有选址于需求市场规模较大的市场的激励，这是因为贸易成本过高会导致垄断竞争厂商无法通过出口的方式将自己生产的产品输入较大规模的市场，所以，越来越多的厂商会离开规模较小的市场（Davis，Weinstein，1996，2003）。贸易成本越小，越容易进入较大规模的市场，对大规模市场产生的影响就越大。海德和里斯（Head，Ries，2001）提出，贸易成本降低有利于强化本地市场效应。

3. 本地市场效应的其他相关术语

在研究本地市场效应中，已有文献通过修正 Krugman 的相关模型和假设等，提出了与其相关的其他效应，如：本地偏向市场效应、本地市场放大效应、逆向本地市场效应、反向本地市场效应。

（1）本地偏向市场效应

本地偏向市场效应（home biased effects）。特里翁费蒂（Trionfetti，2001）最早提出本地偏向市场需求（Home Biased Demand），认为由于贸易壁垒的影响，消费者更偏向于消费本地产品，这种本地偏向需求在世界各国具有普遍性。不同于本地市场效应是垄断竞争、规模报酬递增和存在贸易成本的情形下发生，本地偏向效应并不假设市场结构类型，也不假设规模报酬递增。该文得出消费者对本地产品的偏向需求份额与完全竞争、规模报酬不变的产业产出不相关，与垄断竞争、规模报酬递增的产业产出呈正相关关系；本地产出份额与本地偏向的超常需求正相关，并将本地市场效应界定为产出份额与超常需求份额之间没有固定比例的反映。因此，即使存在本地偏向的超常需求，垄断竞争、规模报酬递增的产业，也不一定会出现本地市场效应。

布鲁哈特和特里翁费蒂（Brülhart，Trionfetti，2005）在特里翁费蒂（Trionfetti，2001）的基础上，研究得出本地市场效应与本地偏向效应虽然都是研究产出与需求在地理分布上的份额比例关系，但是，两者存在明显的本质差异，前者对市场结构、规模报酬与贸易成本极为敏感，而后者更多考虑消费者的需求偏好，并不受市场结构、规模报酬等因素的影响。

（2）本地市场放大效应

本地市场放大效应（home market magnification effects）是指，贸易自由化越高，会促使本地市场呈现驼峰状的市场放大效应（Head et al.，2002；Crozet，Trionfetti，2008）。鲍德温等（Baldwin et al.，2003）指出，一个国家或地区对某种产品需求的微小外生增加，将会促使该需求扩大区生产提供更大比例的产出，并使提供更高比例产出的企业重新进行区位选择，从而导致生产该产品的地区市场扩大。

（3）逆向本地市场效应

逆向本地市场效应（reverse home market effect）是指，垄断竞争、规模报酬递增的部门生产份额变化与需求份额的变化之间呈正相关，但需求份额的变化并没有促使生产出更大比例的产出，反而生产份额的变化比例小于需求份额。

逆向本地市场效应，是在研究产品间替代弹性大小的情况下提出的。马库森和维纳布尔斯（Markusen，Venables，2000）与海德和里斯（Head，Ries，2001）认为，当国家差异化产品之间替代弹性较小时，会出现逆向本地市场效应，即大国将成为拥有较少比例产业的净进口国，而小国可能成为净出口国，且贸易自由化提升将促使小国增加产出份额。海德和迈尔（Head，Mayer，2004）分析认为，由于不完全劳动工资弹性，将导致大国市场工资下降，从而弱化本地市场效应或出现逆向本地市场效应。余（Yu，2005）假定同质品不存在贸易，当差异化产品与同质化产品之间的替代弹性大于1时，本地市场效应存在；当差异化产品与同质化产品之间的替代弹性小于1时，逆向本地市场效应出现。

(4) 反向本地市场效应

反向本地市场效应（Anti – Home Market Effects）是指，垄断竞争、规模报酬递增的部门生产份额变化与需求份额的变化之间呈负相关关系，一国对某产业需求份额的增加反而会导致该产业生产比例的下降，从而成为该产业的净进口国。

奥库博和勒贝罗尔（Okubo, Rebeyrol, 2006）在 D – S 垄断竞争模型的基础上引入异质性企业，异质性企业表现为具有不同的市场进入沉没成本（Entry Sunk Costs）或规制成本（regulation costs），构建了新的异质性企业贸易模型来验证本地市场效应。研究发现，沉没成本或规制成本作为一种离心力，会弱化本地市场效应；当沉没成本或规制成本足够大时，会出现反向本地市场效应。究其原因，主要是因为规制成本与一国的市场规模呈正相关，市场规模越大，规制成本就越高，较小国而言，大国就会有更高的规制成本。一般而言，大国更容易接受规制，而小国更愿意按照自己的规制从事经济活动，当大国规制成本足够高并按照这些规制进行经济活动时，可能会由于生产成本过高而降低生产，并从小国进口来满足国内需求。

2.4.2 理论研究

克鲁格曼（Krugman, 1980）与赫尔普曼和克鲁格曼（Helpman, Krugman, 1985）最早用模型验证了本地市场效应的存在，描述了一个 $2 \times 2 \times 1$ 模型，两个国家（大国、小国），两个部门：农业和制造业，农业属于完全竞争、规模报酬不变（perfect competition and constant returns to scale）部门，制造业属于垄断竞争、规模报酬递增（monopolistic competition and increasing returns to scale）部门，一种单一生产要素。农业部门贸易成本为 0，制造业部门贸易成本为正数，当大国和小国进行贸易时，小国将从事农业生产，大国生产制造业。此外，贸易成本的存在并没有影响任何国家的企业数量和产量，但促使较大规模国家拥有较高的工资率。无论分工完全与否，当两国进行贸易时，拥有较大需求规模产品的国家都会成为该产品的出口国。克鲁格曼（Krugman，1980）提出本地市场效应的一个识别标准——超常需求，即本地生产对需求的反应是一种大于1∶1的专业化模式。然而，该模型假设条件非常严格，不能说明本地市场效应存在的普遍性，后来学者放宽假设来分析本地市场效应的存在性和福利状况。学者们分别从农业部门贸易、企业行为策略、企业异质性、贸易成本、跨国行为、多国框架等方面对模型进行了拓宽。

1. 农业部门与本地市场效应

在 Krugman 经典本地市场的模型中，假定规模报酬不变、零贸易成本、生产同质产品的农业部门存在的意义在于，一方面，保证要素价格均等化和模型可解，另一方面，可以吸收规模报酬递增的制造业部门的贸易平衡（钱学锋，梁琦，2007；Crozet，Trionfetti，2008）。然而，对于农业部门的假定过于严格，与现实不符。那么，放松农业部门零贸易成本的假设，本地市场效应会有何种变化？

戴维斯（Davis，1998）在克鲁格曼（Krugman，1980）的基础上，假定农业部门与制造业部门具有同样的贸易成本，农产品贸易在帕累托占优策略均衡下无均衡解存在，两国制造业比例相同，产业结构相同导致本地市场效应消失。克鲁格曼和维纳布尔斯（Krugman，Venables，1999）在此基础上，证明如果允许农业部门可以生产差异化产品，即使在农业部门和制造业部门贸易成本相同的情形下，本地市场效应也会重新出现。

余（Yu，2005）在戴维斯（Davis，1998）基础上，假定农业部门不存在贸易，并采用 CES 效用函数替代 C－D 函数，证明制造业部门本地市场效应的存在取决于制造品（差异化产品）和农产品（同质化产品）之间的替代弹性，如果差异化产品与同质化产品之间的替代弹性大于 1 时，则本地市场效应存在；如果差异化产品与同质化产品之间的替代弹性小于 1 时，逆向本地市场效应出现。

曾和菊池（Zeng，Kikuchi，2005）认为，由于以往文献对农业部门贸易成本设定过高导致农业部门不存在贸易，又将农业部门作为基准部门进行标准化处理，这与现实并不吻合。该文假定农业部门存在贸易成本，并且，同样生产差异化产品，则制造业的本地市场效应并没有消失。

2. 企业行为策略与本地市场效应

企业在进行行为决策时，会考虑价格和产出的问题。然而，已有文献在研究垄断竞争、规模报酬递增的行业时，大都忽略了企业的行为策略。海德等（Head et al.，2002）首次尝试填补了这一空缺，该文在两阶段博弈下，首先分析企业的区位选择问题，然后分析企业选择价格或者产出。当企业选择价格作为主要考虑因素时，假定采用 C－D 和 CES 效用函数和冰山型运输成本，以及拟线性效用函数和线性运输成本，证实了本地市场效应的存在性，且后一种假定显示本地市场效应更强烈；当企业选择产出作为主要考虑因素时，假定企业间存在同质产品和差异化产品的古诺竞争两种情形，垄断竞争、规模报酬递增的行业表现出截然相反的情况，同质性产品具有本地市场效应，而差异化产品却呈现逆向本地市场效应。这一论证表明，差异化并非本地市场效应存在的必需条件，同质化产品的产业内贸易也会出现本地市场效应。

3. 企业异质性与本地市场效应

在研究本地市场效应时，克鲁格曼（Krugman）等最先假设企业拥有相同的固定成本和不变的边际成本，企业是同质的。随着新新贸易理论和新经济地理理论的发展，这一假定不断被修改。梅里兹（Melitz，2003）、赫尔普曼等（Helpman et al.，2003）、阿尔维等（Falvey et al.，2004）等基于D－S垄断竞争模型，分析了生产率差异的异质性企业的出口选择行为，然而均未考虑区位变化的问题；鲍德温和奥库博（Baldwin，Okubo，2006）分析了基于企业边际成本差异所带来的企业生产率差异，异质性企业的区位变化模型，得出高生产率企业由于有能力承受沉没成本或规制成本，将从小国移到大国生产，而低生产率企业无法承受规制成本而移向小国生产，企业异质性强化了本地市场效应。

4. 贸易成本与本地市场效应

贸易成本是影响本地市场效应发生的重要因素，克鲁格曼（Krugman，1980）得出贸易成本的降低有利于强化本地市场效应的发挥。然而，这一结论的前提假设是劳动具有完全工资弹性，如果劳动工资具有不完全弹性，结果是否会有变化？海德和迈尔（Head，Mayer，2004）基于不完全劳动工资弹性对此进行了研究，结果发现当劳动工资具有完全弹性时，本地市场效应和贸易成本呈负相关关系，当劳动工资具有不完全弹性时，会弱化本地市场效应的发挥甚至可能出现逆向本地市场效应。洛赛尔和保罗（Laussel，Paul，2007）发现，当两国市场规模相同时，贸易模式的变化会降低贸易成本；当市场规模不同时，大国将成为差异化程度较小产品的出口国。

5. 跨国行为与本地市场效应

跨国公司作为世界经济的重要载体，对经济全球化的发展具有直接的推动作用。然而，绝大多数文献却忽略了跨国公司的存在。如果企业进行跨国绿地投资或并购等，可以绕过贸易成本，寻求较大的外国需求市场，但这会破坏本地市场效应的发挥。对此，拉尔克（Larch, 2007）尝试弥补了这一不足，该文引入水平型跨国公司，假定存在两个国家，跨国公司在这两个国家有一个总部和分工厂，两个部门分别生产差异化和同质化产品，三种生产要素：资本、熟练劳动和非熟练劳动。结果发现，第一，当仅存在本国分公司并且两部门具有相同的贸易成本时，本地市场效应不存在；当生产差异化产品的部门与同质品部门贸易成本不等时，差异化产品部门具有本地市场效应。第二，当仅存在跨国公司时，本地市场效应消失。第三，当同时存在跨国公司和本国企业时，假定资本可以跨区域流动且被原地区劳动者所有，则由于利润回流的存在而非产业间贸易的存在促使本地市场效应存在，但是，当差异化产品部门的需求份额极低或企业更偏向劳动密集型时，则会出现逆向本地市场效应。

6. 多国框架与本地市场效应

在两国框架下，一国本地需求份额的增加或减少，必然会导致另一国家需求份额的减少或增加；而在多国框架下，情况就会变得复杂得多，一国需求的变化并不必然导致其他国家对应相反的变化。在多国框架下，由于没有一个具体的标准来判断垄断竞争部门的超比例生产，因而无法明确给出本地市场效应的定义，也无从判断本地市场效应的存在与否（Krugman, 1993）。因而，基于两国框架所得到的本地市场效应的结论可能并不稳健，从多国框架来探讨和识别本地市场效应的存在性成为学术界一项艰巨而重要的任务。

贝伦斯等（Behrens et al., 2004）最初对多国框架进行了讨论，提出要精确定义本地市场效应，首先，必须区分静态本地市场效应和动态本地市场效应。静态本地市场效应（static home market effect）是指，假定存在 M 个国家，其不考虑第三国市场准入与国家间需求份额交叉（leap-frogging），第一国的产出与需求的比例依次大于第二国、第三国、……、第 M 国；动态本地市场效应（dynamic home market effect）认为，一国相对市场规模、国家间市场相似程度和市场准入，是决定一国吸引企业定位的主要因素，具体是指，在存在贸易成本、市场准入等情况下，一国产出与需求的加权相对比大于 1，则动态本地市场效应存在。但是，确定一国需求比例似乎是不可能的，该文提出只有在贸易成本是两两对称时，动态本地市场效应才会出现，但这一前提假定又很难与现实相吻合。最后，证明当控制市场准入与国家间需求份额交叉时，静态本地市场效应存在，但该文并没有具体分析怎样的第三国效应能导致本地市场效应的存在或消失。

随后，苏迪科姆（Suedekum，2007）做了进一步的尝试，假定存在三个国家：本国 A、外国 B、第三国 C，探讨了三国框架下的动态本地市场效应，并着重阐述了第三国如何影响本国本地市场效应的机制，最后得出，如果 A 国需求份额外生增加，那么，当 B 国需求同时增加，且 B 国产品更容易进入 C 国市场，则 A 国产出份额会减少，本地市场效应消失；如果 A 国需求份额足够大，且 C 国对 A 国具有较好的市场准入时，A 国本地市场效应出现；当 C 国对 A 国、B 国具有同等的市场准入时，C 国需求的变化并不会影响 A 国产出的变化。然而，该文只分析了三种特殊的情形，[①] 也没有推导出静态本地市场效应的存在条件，推广到三国以上或者其他情形，本地市场效应的稳健性值得进一步研究。

接着，库姆斯等（Combes et al.，2008）在自由资本模型（Footloose Capital Model）的基础上，分析了基于"等腰三角形"情形下的本地市场效应，结果发现只有规模最大的国家才会出现本地市场效应，而无法确定居于第二大规模及最小规模国家本地市场效应的存在性，因而难以推广。

近年来，国内学者也开始尝试攻克这一难题。钱学锋和黄云湖

---

① 三种特殊情形是：第一，三国中两个国家的支出水平保持不变；第二，其他两国间支出可以相互流动；第三，只有一国支出水平发生了变化。

(2013) 构建多国框架模型得到了本地市场效应的估计方程，得出在控制市场准入效应和本地偏向需求后，中国制造业存在显著的本地市场效应。不过，该文并未能证明多国框架下本地市场效应在何种情形下成立。潘文卿和吴添（2014）在自由贸易模型的基础上，构建三地区经济系统来对本地市场效应进行理论推导，结果证明：无论一国市场需求规模大小，只要超过某一临界值，就会发生本地市场效应，但该文仅分析了在三国贸易自由度完全对称的"等边三角形"情形下，超过三国市场规模的平均值就会出现本地市场效应。然而，现实中所有国家的贸易自由化程度千差万别，完全对称几乎是不存在的，理论模型中这一具体临界值为多少，受哪些因素的影响，之间又存在何种关系，该文并没有解答。因而，模型也难以推广。

可见，虽然已有文献所设定的假设条件或构建的理论与实证模型并不完全一致，因而所得到的结论也并不相同，但是由这些文献可知，克鲁格曼（Krugman，1980）的假设条件过于严格，当放松部分假设时，本地市场效应的存在性可能会发生变化。

2.4.3 实证研究

由于本地市场效应和比较优势的分离困难，多部门间生产和需求关系的处理和多国框架下的需求份额相关模型和数据测度的困难（Head，Mayer，2004），时隔 16 年，戴维斯和韦恩斯坦（Davis，Weinstein，1996）首次将 H－O 模型和克鲁格曼（Krugman，1980）核心模型相互融合，把比较优势与本地市场效应分离出来，认为在比较优势模型中，对某种产品的超常需求导致进口，而在本地市场效应存在下，对某种产品的超常需求将导致该产品的出口，开创了本地市场效应实证检验的先河。

对于本地市场效应存在性的经验检验，主要有两条途径：一是基于超常需求，这种方法源自克鲁格曼（Krugman，1980）与赫尔普曼和克鲁格曼（Helpman，Krugman，1985），他们最早用模型验证了本地市场效应的存在，超常需求描述的是产业生产和需求量之间的关系，即当本地生产对需求的反应是一种大于1∶1的专业化模式时，本地市场效应存在，如戴维斯和韦恩斯坦（Davis，Weinstein，1996，1999）；一是基于引力模型，比较产业的相对出口与相对市场规模的弹性大小，如果弹性为正，表明存在本地市场效应，如舒马赫和西尔弗斯通（Schumacher，Siliverstovs，2006）按照研究对象不同，主要可以分为制造业和服务业的本地市场效应存在性的经验验证。

1. 制造业本地市场效应存在性的实证研究

超常需求方面，戴维斯和韦恩斯坦（Davis，Weinstein，1996）基于超常需求，构建了融合要素禀赋和本地市场效应的模型，来分析 OECD 国家制造业的生产情况，研究发现制造业并不存在本地市场效应，要素禀赋解释了制造业中90%的生产模式，而本地市场效应仅能解释5%；随后，戴维斯和韦恩斯坦（Davis，Weinstein，1999）又基于该模型对日本19个制造业部门进行研究，结果发现有8个部门存在本地市场效应；接着，戴维斯和韦恩斯坦（Davis，Weinstein，2003）将市场准入和距离加入模型重新对 OECD 国家制造业进行研究，结果发现 OECD 国家制造业存在本地市场效应。再后来，克罗泽和特里翁费蒂（Crozet，Trionfetti，2008）采用1990～1996年25个国家25个制造业贸易数据，分析发现有16个制造业部门具有非线性本地市场效应。

引力模型方面，海德和里斯（Head，Ries，2001）运用国家产品差异化规模报酬不变模型，分析了1990～1995年美国和加拿大双边三位数制造业贸易的本地市场效应，结果发现小国可能成为净出口国，出现了逆向本地市场效应；汉森和项（Hanson，Xiang，

2004）选用 57 个世界最大制造业进口国的 34 个行业，设置其中 13 个行业为控制组，21 个行业为对照组，采用 DID 方法来检验本地市场效应的存在性，结果发现制造业内部本地市场效应会随着产业特征的不同而呈现强度上的差异，高运输成本、高异质性、低替代弹性的部门会呈现出较强的本地市场效应。舒马赫和西尔弗斯通（Schumacher，Siliverstovs，2006）采用 1988～1990 年 22 个 OECD 国家 25 个三位数制造业双边贸易数据，研究得出无论是资本密集型制造业还是劳动密集型制造业都存在显著的本地市场效应。

国内对制造业本地市场效应的研究，主要集中在 2006 年以后，张帆和潘佐红（2006）分别利用戴维斯和韦恩斯坦（Davis，Weinstein，1996，1999）与藤田昌久等（Fujita et al.，2000）的两个模型的超常需求对中国省际制造业本地市场效应进行了实证检验，得出 1997 年 31 个省区市的 19 个产业中至少有 7 个产业存在本土市场效应。

范剑勇和谢强强（2010）同样基于超常需求，在研究产业集聚机制时证实了本地市场效应的存在，且认为"中心—外围"模型导致地区间人均收入差距加大，而本地市场效应中，人均收入差距并没有加大，中国的区域经济可以实现"跨区域城乡统筹"发展。

许统生和涂远芬（2010）基于引力模型，采用 1997～2009 年中国 35 个制造业与 39 个国家的双边贸易面板数据，分析得出以规模经济为基础的本地市场效应解释了中国近 37% 的可贸易制造业的出口。

邱斌和尹威（2010）基于引力模型，从一般贸易和加工贸易等贸易模式方面检验了中国制造业部门的本地市场效应，得出中国制造业整体上存在显著的本地市场效应，一般贸易也存在，而加工贸易不存在本地市场效应。

佟家栋和刘竹青（2012）基于引力模型，采用 2000～2006 年东亚地区主要经济体之间的双边贸易数据，得出东亚地区制造业整体上并不存在本地市场效应，只有个别制造业部门表现出了本地市场效应。

钱学锋和黄云湖（2013）基于超常需求，采用 1977～2007 年中国与 14 个主要贸易伙伴 18 个制造业行业双边贸易数据，研究了多国框架下中国制造业出口的本地市场效应，结果发现有 12 个制造业具有显著的本地市场效应，行业异质性并没有对本地市场效应产生实质影响，当控制本地偏向需求后，中国制造业本地市场效应仍然存在。

2. 服务业本地市场效应的实证研究

服务业比较符合克鲁格曼（Krugman，1980）关于"本地市场效应"存在性的一些假定，如规模收益递增、垄断竞争、差异化产品等，但是关于服务业本地市场效应研究的文献相对较少，一个重要的原因可能是由于服务贸易数据难以获取，直到 2002 年，OECD才发布了 26 个 OECD 成员国及贸易伙伴 1999～2000 年的双边服务贸易数据。最近十年，国外学者运用引力模型对服务贸易的本地市场效应开展了实证研究。

基穆拉和李（Kimura，Lee，2006）与格芮弗德和莫克斯（Grünfeld，Moxnes，2003）采用引力模型分析了 1999～2000 年OECD 成员国与其他经济体双边服务贸易的影响因素，前者与货物贸易作对比，发现服务贸易的进口、出口回归模型中修正的 R^2 比货物贸易更大，引力模型更适用于分析和预测服务贸易，后者得出GDP 与服务出口和 FDI 均具有正向显著影响，OECD 国家服务贸易存在很强的本地市场效应，服务贸易壁垒对服务出口和 FDI 均具有负向显著影响，服务贸易完全自由化时，服务贸易出口增加 30%～50%。

赛格洛斯基（Ceglowski，2006）运用 1999～2000 年 28 国双边服务贸易数据分析发现，国家规模、地理邻近、共同语言、区域贸易协议与服务贸易具有正向显著影响，本国经济规模弹性系数对服务贸易影响大于外国经济规模弹性系数，证实了服务出口本地市场效应的存在。

纳西尔和卡利拉詹（Nasir，Kalirajan，2013）基于随机前沿引力模型，分析了北美、欧洲、东亚、南亚、东盟计算机信息、专业和通信服务业出口影响因素，得出 GDP、共同语言、网络使用量对服务出口具有正向显著影响，而服务贸易限制性指数不利于服务出口。

国内层面，目前关于服务业本地市场效应的相关研究极为匮乏，仅有阚大学和吕连菊（2014）对中国服务业的本地市场效应进行了实证研究，该文采用 1992～2011 年中国与 31 个国家和地区的双边服务贸易数据，研究得出中国整体服务贸易具有本地市场效应，且比较优势的促进作用大于本地市场效应。该文开创了国内对服务贸易本地市场效应的研究，但缺乏相应的理论模型支撑。

2.5 企业异质性与国际贸易

世界上没有任何两家企业是完全相同的，企业间普遍存在着生产率、规模、市场潜力等显著差异，因而在空间范围内，企业的出口选择行为会有所不同。从理论逻辑上来讲，这种因企业异质性导致的出口倾向差异，进而可能会改变行业的相对出口规模。关于企业异质性与贸易的研究，主要集中在两个方面：一是异质性企业的出口选择行为，二是出口对异质性企业生产率的影响。

关于异质性企业的出口选择行为，一种观点认为，与非出口企业相比，出口企业生产率更高。梅里兹（Melitz，2003）最早研究了异质性企业生产率与出口之间的关系，认为由于运输成本和出口市场滩头成本的存在，企业需要支付固定成本才能进行出口，因而只有高生产率的企业才会选择出口，中等生产率的企业留在本国市场，而低生产率企业被市场淘汰。此后，大量理论与实证文献证实了梅里兹（Melitz）的观点（Bernard et al.，2003；Falvey et al.，2004；Baldwin，2005；Ghironi，Melitz，2005）。此外，企业所拥有的技术水平越高，越有利于企业增加出口。黄等（Huang et al.，2013）根据贸易伙伴之间固定成本与边际成本差异的形式引入技术差异，发现一国技术水平越高，越容易弥补规模劣势，越能从自由贸易中获利，增加企业数量，成为差异性产品的净出口国；当小国比大国更具有技术优势时，大国本地市场效应消失甚至发生逆转。同时，贸易自由化也将加剧技术劣势国成为外围地区的可能。

然而，另一种观点认为，出口企业生产率并不一定高于非出口企业生产率，即企业出口行为出现了"生产率悖论"现象。伯纳德等（Bernard et al.，2007）研究得出，进口企业比出口企业的全要素生产率溢价更高；卢等（Lu et al.，2010）基于中国1998~2005年规模以上工业企业的数据研究发现，外资企业中的出口企业生产率低于非出口企业生产率；同时，卢（Lu，2010）研究得出，劳动密集型行业中的非出口企业生产率高于出口企业，而资本密集型行业则相反；斯梅茨和沃兹斯基（Smeets，Warzynski，2013）采用1999~2006年丹麦工业企业和产品层面数据，分析了进口企业、出口企业、进出口企业的生产率，结果发现进出口企业生产率溢价最大，只进口企业生产率溢价次之，只出口企业则不存在生产率溢价。国内学者赵伟和赵金亮（2011）研究发现，中国企业整体生产率与出口倾向之间存在倒"U"型关系。安虎森等（2013）研究发现，市场规模和国外市场进入成本对异质性企业出口选择行为具有影响，当本国市场规模较大并且外国市场准入较易，或者两国市场规模相等时，会出现Melitz经典模型中的结果；当本国市场规模较小、外国市场准入较难时，会出现低生产率企业在国外市场获利而出口的情形，出口企业生产率低于非出口企业。戴觅等（2014）通过合并 2000～2006 年中国国家统计局企业数据和海关产品数据，发现近 20% 从事加工贸易的出口企业生产率比非出口企业生产率低 10%～22%，当剔除加工贸易企业时，出口企业生产率高于非出口企业。对于企业生产率悖论的形成原因，可以归结为：企业定价差异（Smeets，Warzynski，2013）、市场规模较小（李春顶等，2010）、贸易成本较高（黄小兵，黄静波，2013）、加工贸易比例过高（余淼杰，2011）、市场体系不完善（张礼卿，孙俊新，2010）等。

关于出口对企业异质性特征的影响，张杰等（2008）采用江苏省制造业企业微观数据，利用联立方程分析了企业出口与生产率之间的相互关系，发现出口虽然不能促进制造业企业全要素生产率的增长，但全要素生产率的增长有利于促进企业增加出口；资本生产率、资本劳动比与企业出口具有相互强化效应。张礼卿和孙俊新（2010）通过拓展奥莱和帕克斯（Olley，Pakes，1996）的模型，采用 2004～2007 年中国规模以上制造业企业数据，分析了出口对异质性企业生产率的影响，结果发现中国出口企业在进入国外市场之前就有较高的生产率，而并非出口促进的结果，出口未发挥效应的主要原因可以归纳为中国市场体系不完善和加工贸易为主的贸易模式。

国内外关于异质性企业与贸易的研究，主要集中在商品贸易，基于服务企业异质性与出口的研究甚为匮乏。国内关于服务业分行业或企业异质性的研究，主要集中在生产率变迁方面（王恕立，胡宗彪，2012）。本书将尝试构建服务业企业异质性贸易模型，分析服务企业异质性对出口的影响。

2.6　服务贸易自由化与国际贸易

服务贸易自由化究竟对服务贸易会产生何种影响？现有文献的

结论并不一致。维纳布尔斯（Venables，2003）认为，建立自由贸易区对参与国的福利效果是不确定的，南南区域贸易协定的效果就远远没有南北区域贸易协定的效果好。克劳福德和菲奥伦蒂诺（Crawford，Fiorentino，2005）认为，区域自由贸易协议中仅有17%包括了服务贸易自由化协议。吴宏和曹亮（2009）认为，由于各国中央政府和国内利益集团的目标不同，影响了服务贸易自由化的政策导向和进展，使得 GATS 与区域层面的服务贸易自由化成效存在一定的差异，GATS 框架下服务贸易自由化多边主义进展是有限的，因而中国应根据具体贸易需求条件积极协调发展区域经贸关系与多边经贸关系。

格芮弗德和莫克斯（Grünfeld，Moxnes，2003）研究发现，以往文献得出共同成员变量对服务贸易影响不显著，是因为区域贸易协议并没有强调服务贸易内容，该文采用 1999～2000 年 22 个 OECD 母国和 55 个东道国商业存在和跨境支付数据，发现 GDP 与服务出口和 FDI 均具有正向显著影响，OECD 国家服务贸易存在很强的本地市场效应，服务贸易壁垒对服务出口和 FDI 均具有负向显著影响，服务贸易完全自由化时，样本国家服务贸易出口增加 30%～50%。周念利（2012）研究发现，发展中经济体对外签订"区域服务贸易安排"能显著提升双边服务出口流量，而单纯缔结"区域货物贸易安排"不会增加双边服务出口，"南北型"区域服务贸易安排较"南南型"安排引入了更多具备"GATS＋"特征的制度创新因素，对双边服务业出口的强化效应也明显高于"南南型"。由此，各国或地区经济发展水平不同，竞争优势不同，服务贸易制度安排的具体措施不同等原因，都会造成服务贸易自由化对服务贸易影响的不确定性（Ceglowski，2006）。

现有文献研究表明，市场开放和贸易障碍的削弱，意味着更强的"本地市场效应"（Head，Ries，2001）。海德等（Head et al.，2002）与克罗泽和特里翁费蒂（Crozet，Trionfetti，2008）研究发现，贸易自由化对本地市场效应呈现驼峰状市场放大效应，贸易自由化程度提高增强了本地市场效应。马库森（Markusen，1989）认为，商业存在促使服务业部门加快竞争，从而增加了对国内服务业部门生产要素的需求，进而有利于产出增长，即出现"本地市场效应"，但竞争激烈可能导致本国服务业部门中的企业退出市场，即产生"挤出效应"，而当服务业市场开放后，"本地市场效应"要远超于"挤出效应"，除抵消"挤出效应"外仍然能够促使非服务性企业提升生产率，并增加出口决策行为。陈和曾（Chen，Zeng，2014）使用 VES 效用函数，并基于赋值仿真模拟法来研究大国的本地市场效应，发现当贸易成本较大时，大国不一定会成为企业的集聚地，也不一定成为出口国，大国的本地市场效应可能出现或者消失。

服务市场开放主要是通过 FDI 技术转移和要素再配置两个途径，对服务业增长产生正面影响，并间接促进服务贸易国际竞争力的提升（Mattoo et al.，2006；Konan，Maskus，2006；Markusen，Strand，2009）。服务市场开放，还会通过提高本国具有比较优势行业的劳动生产率，强化其国际竞争力（Lileeva，Trefler，2010）。根据扩展的格罗斯曼和罗西—汉斯伯格（Grossman，Rossi－Hansberg，2008）模型，当资本密集型的服务生产环节分离成本较高，并且需要消费者与生产者接触时，服务贸易采用资本流动的形式。与制造业不同，服务业 FDI 对距离等协调成本的敏感度较低，对消费者规模等潜在收益敏感度较高。从服务要素流动的角度来看，FDI 的确在服务贸易中扮演了重要角色。裴长洪和杨志远（2012）对 2001～2008 年美国、德国、瑞典和中国服务业增长与服务业 FDI 流入的统计分析表明，中国作为服务业 FDI 的净流入国，FDI 流入增速与产业增速在均值和变化趋势上都与其他三国保持一致，FDI 流入的速度快于产业增长，在一定程度上反映出 FDI 对产业增长的带动。另外，进一步联系 FDI 流入和服务出口可以发现，中国的服务业 FDI

流入是典型的贸易创造型，两者都以约 20% 的年均增速发展，FDI
对服务出口的推动效应比较明显。

2.7 文献述评

20 世纪七八十年代发展起来的新贸易理论，立足规模经济、强
调报酬递增、不完全竞争和产品差异等因素的影响，提出一国内部
需求市场的稳定和扩大有利于促进出口增加，从而形成本地市场效
应。这一有别于传统贸易理论的新贸易理论，为贸易领域发生的深
刻变化提供了新的解释视角。然而，迄今为止，国内外有关本地市
场效应的理论与经验研究大多集中于货物贸易，对服务贸易涉及相
对较少，尤其是对发展中国家服务贸易研究更少。

在验证本地市场效应时，已有文献大都基于供给视角，很少从
需求视角进行研究，大都假定偏好是同位相似的，但消费者对差异
化产品的需求收入弹性是不同的，这样就忽视了收入分配差异对需
求结构变化的影响。虽然相关理论早已有之，但在模型构建时却往
往被忽略了，直到近年来才被关注，但相关建模很少进行严谨的理
论推导，更没有用于服务业贸易研究。此外，已有关于服务贸易模
型构建中，大多假定企业是同质的，鲜有文献从理论上识别到企业
或行业的异质性，事实上，服务企业或行业的异质性显然是存在
的，并且会影响服务业的本地市场效应：由于存在出口沉没成本，
高生产率企业的出口倾向更高，进而可能会改变行业的相对出口规
模。此外，已有文献也没有对服务业本地市场效应的成立及条件进
行理论推导，更缺乏相应的实证研究进行验证。

因此，鉴于现有文献的研究不足，本书尝试放松位似偏好和企
业同质性假设，拓展经典本地市场效应模型，分别构建基于非位似
偏好和企业异质性下的服务贸易模型，从理论上推导本地市场效应

的成立及条件。同时，在理论模型推导的基础上进行数值模拟，进一步分析变量间的相互关系。最后，构建与理论模型相对应的经验模型，从实证上验证中国服务业出口的本地市场效应，做到理论模型与实证分析更好地衔接。

理 论 模 型

3.1 经 典 模 型

3.1.1 模型假设

该部分基于克鲁格曼（Krugman，1980）、戴维斯和韦恩斯坦（Davis，Weinstein，1996）与韦德（Weder，2003）的模型进行推导。模型提出假定条件如下：

1. 消费者

假定有两个国家：本国 D 和外国 F，本国与外国劳动力数量总量分别为 L、L^*，[①] 本国工资率为 w，外国工资率为 w^*，两个部门：

――――――――

① 本章用上标"*"来表示外国 F，下同。

传统部门和服务业，前者具有完全竞争、规模报酬不变特性，后者具有垄断竞争、规模报酬递增特性；传统部门不存在贸易成本，服务业部门存在贸易成本，两部门均采用单一生产要素劳动进行生产，服务业部门生产大量潜在差异化服务，假定两国消费者对同种服务具有相同的支出份额，即本国支出份额 θ 等于外国支出份额 θ^*，[①] 劳动力只能在国内自由流动。消费者使用每种服务的效用函数为：

$$U = \sum_{i=1}^{M} C_i^{\theta}, \quad U^* = \sum_{i=1}^{M} C_i^{*\theta^*} \quad (i = 1, \cdots\cdots, M)$$

$$(3.1.1)$$

$$\sum_{i=1}^{M} \theta_i = \sum_{i=1}^{M} \theta_i^* = 1 \quad (0 \leqslant \theta \, \text{、} \, \theta^* \leqslant 1) \quad (3.1.2)$$

其中，U、U^* 分别为本国消费者和外国消费者的效用，C_i、C_i^* 分别为本国消费者和外国消费者对第 i 种服务业的消费量，θ_i、θ_i^* 分别为本国消费者和外国消费者对第 i 种服务业的支出份额，M 为服务业种类数。

假定贸易成本 τ 为"冰山"类型，[②] 同一服务业内部，两国消费者的偏好具有 CES 不变替代弹性特点，消费量表示如下：

$$C_i = \left[\sum_{j=1}^{n_i} c_{ij}^{-\rho} + \sum_{j=1}^{n_i^*} (m_{ij}/\tau)^{-\rho} \right]^{-1/\rho},$$

$$C_i^* = \left[\sum_{j=1}^{n_i} c_{ij}^{*(-\rho)} + \sum_{j=1}^{n_i^*} (m_{ij}^*/\tau)^{-\rho} \right]^{-1/\rho} \quad (3.1.3)$$

其中，n_i、n_i^* 分别为本国、外国服务业部门 i 包含的种类数，c_{ij}、c_{ij}^* 分别为本国、外国对服务业部门 i 中的第 j 种服务的消费量，

---

① 本章用"$*$"表示外国 F，下同。

② 相比于商品贸易中的距离成本，如克鲁格曼（Krugman，1980）提出的"冰山成本"，服务贸易成本主要取决于服务贸易自由化水平。在服务贸易中，由于国家对服务领域开放有更严格具体的要求，市场准入和服务业开放是主要影响因素，贸易成本可以理解为服务业不完全开放所带来的贸易壁垒。此处，贸易成本 τ 为"冰山"类型，即当外国服务生产者向本国提供 τ 单位服务时，由于市场的不完全开放、技术标准的不一致、贸易政策等因素导致只有 1 单位服务到达本国，也就是说，由于服务业市场未完全开放，外国服务生产者提供每单位服务需要比本国服务提供者花费更多成本。

m_{ij} 和 m_{ij}^* 分别为本国服务业 i 中的第 j 种的进口量和出口量，那么，本国服务业 i 的出口量为 $n_i m_{ij}^*$，进口量为 $n_i^* m_{ij}$，ρ 为替代参数，$\rho \geqslant -1$，$\sigma = 1/(1+\rho)$，σ 为差异化服务之间的不变替代弹性。那么，两国服务业 i 的价格指数分别为：

$$P_i = \left[\sum\nolimits_{j=1}^{n_i} p_{ij}^{(1-\sigma)} + \sum\nolimits_{j=1}^{n_i} (p_{ij}^* \tau)^{(1-\sigma)} \right]^{1/(1-\sigma)},$$

$$P_i^* = \left[\sum\nolimits_{j=1}^{n_i} (p_{ij}^*)^{(1-\sigma)} + \sum\nolimits_{j=1}^{n_i} (p_{ij} \tau)^{(1-\sigma)} \right]^{1/(1-\sigma)}$$

$$(3.1.4)$$

其中，p_{ij}、p_{ij}^* 分别为本国、外国服务业 i 中的第 j 种服务的价格。

2. 生产者

生产和提供差异化服务的厂商，采用唯一的生产要素劳动进行生产，所有服务的生产都具有相同的成本函数：

$$l_{ij} = \alpha + \beta x_{ij}, \quad l_{ij}^* = \alpha + \beta x_{ij}^* \quad (\alpha、\beta > 0) \quad (3.1.5)$$

其中，l_{ij}、l_{ij}^* 分别为本国、外国生产第 i 种服务业中 x 单位的第 j 种服务所投入的劳动，α 为固定成本，β 为边际成本。可以看出，每种服务的生产都具有相同的固定成本和不变边际成本，平均成本随着服务品数量的增加而递减，每种服务的生产均呈现规模经济。

假定充分就业，$\sum_{i=1}^{M} l_i = L$，$\sum_{i=1}^{M} l_i^* = L^*$。

3.1.2 均衡解

最后，考虑市场均衡状态。当消费者效用最大化，厂商利润最大化，劳动力和服务市场出清时，本国、外国服务业 i 的总服务种类数 n_i^* 的相对比为：

$$\frac{n_i}{n_i^*} = \frac{\theta_i/\theta_i^* - q(L^*/L)[1-q^*(w^*/w)]/[1-q(w/w^*)]}{(L^*/L)[1-q^*(w^*/w)]/1-q(w/w^*) - q^*(\theta_i/\theta_i^*)}$$

$$(3.1.6)$$

其中，$q = (w/w^*)^{\sigma-1}\tau^{1-\sigma}$，$q^* = (w^*/w)^{\sigma-1}\tau^{1-\sigma}$，$w$、$w^*$ 分别为本国、外国服务业的劳动工资率，此时，本国服务业 i 的贸易平衡 TB_i 为：

$$TB_i = n_i m_{ij}^* - n_i^* m_{ij} = \frac{n_i q^*}{n_i^* + n_i q^*}\theta_i^* w^* L^* - \frac{n_i^* q}{n_i + n_i^* q}\theta_i w L$$

$$(3.1.7)$$

在服务贸易平衡下，$\sum_{i=1}^{M} TB_i = 0$，结合式（3.1.2）和式（3.1.6），可以推出本国和外国相对国家大小和相对工资率之间的关系：

$$\frac{L}{L^*} = \frac{(w/w^*)^{\sigma} - \tau^{1-\sigma}}{(w/w^*)^{1-\sigma} - (w/w^*)\tau^{1-\sigma}} \qquad (3.1.8)$$

本国和外国在服务业 i 上的相对出口为：

$$\frac{n_i m_{ij}^*}{n_i^* m_{ij}} = \frac{n_i q^*/(n_i^* + n_i q^*)\theta_i^* w^* L^*}{n_i^* q/(n_i + n_i^* q)\theta_i w L} \qquad (3.1.9)$$

结合式（3.1.6）、式（3.1.8）、式（3.1.9），得到：

$$\frac{n_i m_{ij}^*}{n_i^* m_{ij}} = \frac{(\theta_i L/\theta_i^* L^*)[1 - q(w/w^*)] + [qq^*(w/w^*) - q]}{(L^*/L)[1 - q^*(w^*/w)] + (\theta_i L/\theta_i^* L^*)[qq^* - q(w/w^*)]}$$

$$(3.1.10)$$

令 $\dfrac{n_i m_{ij}^*}{n_i^* m_{ij}} = \dfrac{EX_i}{EX_i^*}$，$\theta_i L = S_i$，$\theta_i^* L^* = S_i^*$，其中，$EX_i$、$EX_i^*$ 分别表示本国、外国服务业 i 的出口，S_i、S_i^* 分别表示本国、外国服务业 i 的市场规模，则式（3.1.10）可记为：

$$\frac{EX_i}{EX_i^*} = \frac{(S_i/S_i^*)[1 - q(w/w^*)] + [qq^*(w/w^*) - q]}{(L^*/L)[1 - q^*(w^*/w)] + (S_i/S_i^*)[qq^* - q(w/w^*)]}$$

$$(3.1.11)$$

考虑特殊情况，假定两国劳动力规模相同，同种服务业劳动工资率相等，即 $L = L^*$，$w = w^*$，则式（3.1.11）可以简化如下：

$$\frac{EX_i}{EX_i^*} = \frac{(S_i/S_i^*) - \tau^{1-\sigma}}{1 - (S_i/S_i^*)\tau^{1-\sigma}} \qquad (3.1.12)$$

3.1.3 数值模拟

在上文中，市场规模的变化，将引起服务业出口规模的变化，除此之外，贸易成本、服务品间替代弹性的大小，也会导致服务业出口规模的增加或减少。因而，接下来，本书将首先采用 Matlab 软件来刻画相对市场规模、贸易成本、替代弹性与相对出口间的相互关系图，然后，基于 Mathematica 软件设置模型参数值来进行数值模拟，进一步分析上述变量间的相互关系。

图 3-1 中，X 轴代表相对市场规模 S_i/S_i^*，Y 轴代表贸易成本 τ，Z 轴代表服务业相对出口 EX_i/EX_i^*，设置 $\sigma = 3$。由图可知，相对市场规模越大，贸易成本越小，服务业相对出口越大。服务业相对出口，是相对市场规模的增函数，是贸易成本的减函数。

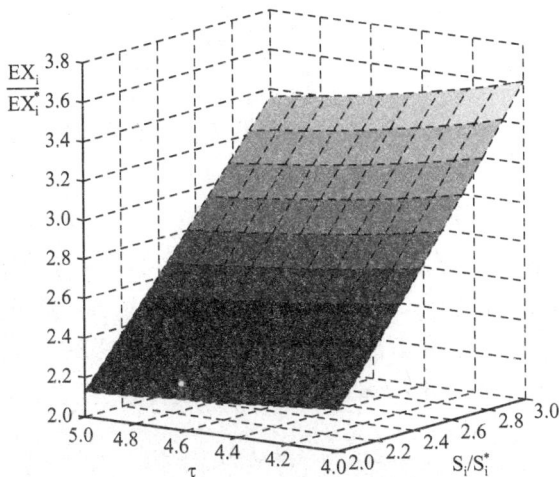

图 3-1 相对市场规模、贸易成本与相对出口关系

图 3-2 中，X 轴表示相对市场规模 S_i/S_i^*，Y 轴表示服务品之间的替代弹性 σ，Z 轴表示服务业的相对出口 EX_i/EX_i^*，设置 $\tau=3$。由图可知，相对市场规模越大，替代弹性越小，服务业相对出口越大。服务业相对出口，是相对市场规模的增函数，是替代弹性的减函数。

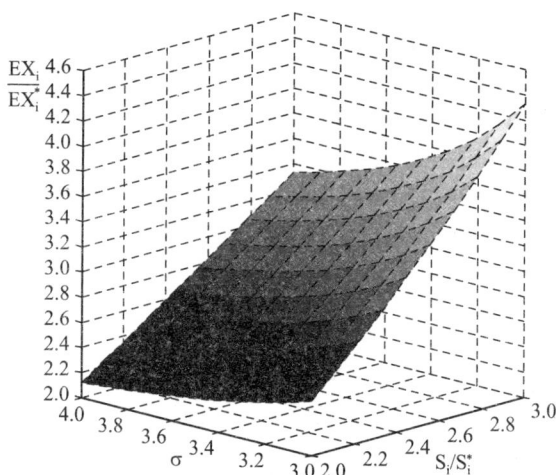

图 3-2　相对市场规模、替代弹性与相对出口关系

图 3-1 和图 3-2 粗略地刻画了各变量间的相互关系。接下来，将对式（3.1.12）中各变量的参数值进行设置，通过数值模拟方法进一步分析其相互间的关系。[①]

从图 3-3 可以看出，当 $\tau=3.5$，4，4.5，5 时，服务业相对出口都随着相对市场规模的增加而增加。也就是说，在本国市场需求较大的服务业中，服务品的相对出口会随着服务品贸易成本的减少（贸易自由化程度的增加）而增加。

---

① 图 3-3 与图 3-5 中，设置 $\sigma=2$；图 3-4 中，设置 $\tau=9$。本书进行了多组数值模拟，趋势明显且稳健，在图 3-3 ～图 3-5 中都仅给出了三四组数值模拟结果。

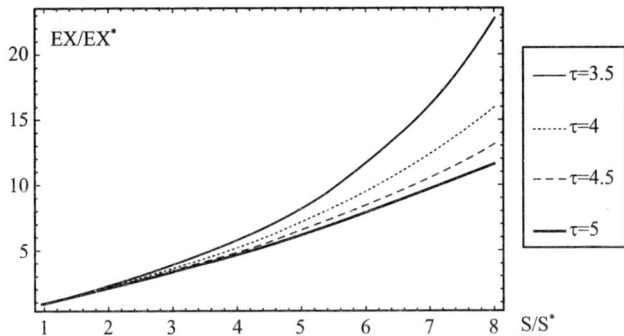

图 3 - 3　相对出口与相对市场规模数值模拟

从图 3 - 4 可以看出，当 σ = 2，2.5，3 时，服务业相对出口都随着相对市场规模的增加而增加。也就是说，在本国市场需求较大的服务业中，服务品的相对出口会随着服务品间替代弹性的减少（本国规模经济程度的增加）而增加。

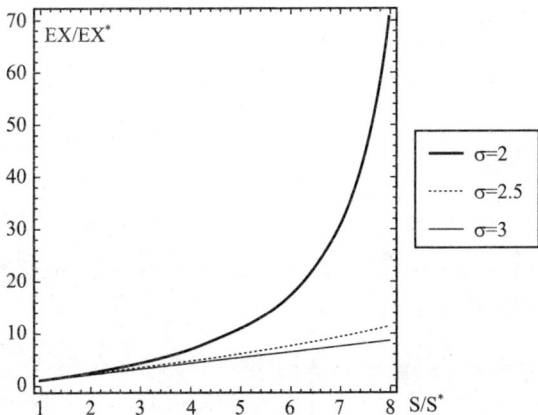

图 3 - 4　相对出口与相对市场规模、替代弹性数值模拟

从图 3 - 5 可以看出，当 $S_i / S_i^* = 1.5$，2，2.5，3 时，服务业

相对出口都随着贸易成本的减少而增加。也就是说，服务业相对出口与贸易成本呈负相关关系。

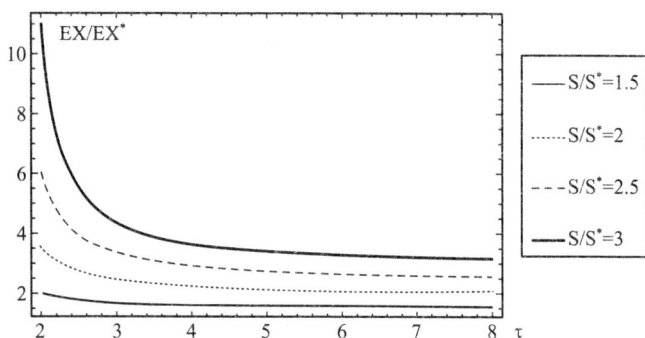

图 3-5　相对出口与贸易成本数值模拟

可见，本国服务业相对出口的大小，受相对市场规模、贸易成本等因素共同作用的影响：相对市场规模越大，贸易成本越小（贸易自由化程度越高），本国服务业相对出口越大。

3.1.4　结论说明

上文中，通过三维图形与数值模拟较为粗略地分析了相对市场规模、贸易成本、服务品间替代弹性与相对出口之间的关系，接下来，将进一步通过更加严谨的公式推导来论证本地市场效应的存在性以及变量间的关系。

1. 相对出口与相对市场规模

利用式（3.1.12），对相对市场规模求偏导，可以得到本国服务业与外国服务业的相对出口与相对市场规模之间的关系：

$$\frac{\partial(EX_i/EX_i^*)}{\partial(S_i/S_i^*)} = \frac{1 - \tau^{2-2\sigma}}{[1 - (S_i/S_i^*)\tau^{1-\sigma}]^2} > 1, \quad (S_i/S_i^* > 1)$$

$$(3.1.13)$$

由于 τ 和 σ 大于 1，所以，式（3.1.13）成立。新古典贸易理论从比较优势理论和要素禀赋理论，解释了贸易的动力源泉，新贸易理论从规模经济视角解释了贸易产生的原因。由式（3.1.13）可得，EX_i/EX_i^* 是 S_i/S_i^* 的增函数，EX_i/EX_i^* 对 S_i/S_i^* 的偏导数大于 1，如果本国较外国有更大的市场规模时（$S/S^* > 1$），本国将生产更多种类的服务，并成为该服务业的出口国；如果本国和外国有相等的需求规模（$S/S^* = 1$），则本国和外国提供的服务种类数相等。对上述特殊情况下的推导，得出本国服务业 i 与外国服务业 i 的相对出口与相对市场规模之间存在正相关关系，表明一国内部需求市场的稳定和扩大所带来的规模生产和生产率改进能够促进出口，从而证明"本地市场效应"的存在。

2. 相对出口与贸易成本

对式（3.1.12）关于贸易成本 τ 求偏导，可得：

$$\frac{\partial(EX_i/EX_i^*)}{\partial\tau} = \frac{(\sigma-1)*\tau^{\sigma}[1 - (S_i/S_i^*)^2]}{[1 - (S_i/S_i^*)\tau^{1-\sigma}]^2} < 0, \quad (S_i/S_i^* > 1)$$

$$(3.1.14)$$

由于 τ 和 σ 大于 1，所以，当 $S_i/S_i^* > 1$ 时，式（3.1.14）小于 0。表明对于本地市场需求较大的服务业，其相对出口会随着本国出口贸易成本的增加而减少，即当贸易成本越低，贸易自由化程度越高时，需求量越大，本地市场效应越强，这一结论也得到了汉森和项（Hanson，Xiang，2004）、钱学锋和梁琦（2007）、克罗泽和特里翁费蒂（Crozet，Trionfetti，2008）的证实；当 $S_i/S_i^* = 1$ 时，两国服务业相对市场需求规模相等，服务业的相对出口与贸易成本的大小无关。

对式（3.1.12）关于替代弹性 σ 求偏导，可得：

$$\frac{\partial(EX_i/EX_i^*)}{\partial\sigma} = \frac{\tau^{1-\sigma} * \ln\tau * [1 - (S_i/S_i^*)^2]}{[1 - (S_i/S_i^*)\tau^{1-\sigma}]^2} < 0, \quad (S_i/S_i^* > 1)$$

(3.1.15)

当 $S_i/S_i^* > 1$ 时，式（3.1.14）小于 0；当 $S_i/S_i^* = 1$ 时，式（3.1.15）等于 0。具体来看，在本国需求规模较大的服务业，当该服务业与其他产业替代弹性越小时，该服务业的相对出口会随着本国市场规模的扩大而增加，即相对市场规模越大的服务业，其本地市场效应越强；当本国某服务业与外国同类服务业的需求规模相等时，即 $S_i/S_i^* = 1$ 时，该服务业的相对出口与其规模经济程度大小无关。

3.2　模型拓展之一：基于非位似偏好的本地市场效应

在经典本地市场效应的模型推导中，需求规模和贸易成本是构成本地市场效应的两个主要因素。需求规模往往采用一个国家的人口规模或总收入来测算。如果按照经典本地市场效应理论模型的思路，中国作为世界第一人口大国和第二大经济体，那么，中国几乎应该在所有产业出口上都具有本地市场效应，然而，现实并非如此。那么，在经典本地市场效应模型的推导中，我们是否忽略了什么重要因素？这使得我们不得不对经典模型重新思考。

林德（Linder，1961）在解释收入水平相似的国家之间贸易量巨大的原因时，提出重叠需求理论，认为两国间的消费偏好越相似，需求结构就越相近，则两国间的贸易往来就越频繁。一国平均收入水平，是影响其需求结构的最主要因素，当两国平均收入水平越接近时，重叠需求的范围越大，而且重叠需求的产品很可能成为贸易品。同时，该文还提出产品的国内需求是其出口的前提条件，一国将出口国内需求规模较大的代表性产品。可见，该文可以说是提出了本地市场效应的雏形，但在后来本地市场效应的理论与实证研究中，贸易结构的因素却被忽略了，如克鲁格曼（Krugman，1980），赫尔普曼和克鲁格曼（Helpman，Krugman，1985），戴维斯和韦恩斯坦（Davis，Weinstein，1996，1999，2003），汉森和项（Hanson，Xiang，2004）等。

费根鲍姆等（Fajgelbaum et al.，2011）首次构建了不同质量产品的非位似偏好模型，研究了收入分布对出口商品结构的影响，得出富国将进口低质量产品，出口高质量产品，在高质量产品出口上具有本地市场效应。然而，该文仅从理论模型推导，并未从实证上进行经验检验；该文研究对象为不同质量的多种制造品，由于服务业行业质量等级难以测算和划分，为了与后文的实证检验保持一致性，此处我们考虑在克鲁格曼（Krugman，1980）与赫尔普曼和克鲁格曼（Helpman，Krugman，1985）等的基础上，将 CD - CES 效用函数与 Stone - Geary 偏好结合，构建非位似偏好效用函数，并以平均收入水平来衡量需求结构（Linder，1961），将相对总需求分解为相对需求规模与相对需求结构，来研究相对需求结构和相对需求规模对服务业本地市场效应的共同影响。

3.2.1　模型假设

1. 基本假设

假定存在两个国家：本国 D 和外国 F；两个部门：传统部门（A）和现代服务部门（S），其中，传统部门具有规模报酬不变、完全竞争的瓦尔拉斯均衡特征，现代服务部门则具有规模报酬递增、垄断竞争特征；两部门采用唯一生产要素：劳动力，国家 D 和国家 F 劳动力总数分别为 L 和 L^*。

2. 非位似偏好

借鉴科斯凯拉和普哈卡（Koskela，Puhakka，2007），构建 Stone – Geary 非位似偏好效用函数，其一般形式如下：

$$U = (C_1, \cdots, C_n) = \prod_{i=1}^{n} (C_i - A_i)^{\beta_i} \quad (3.2.1)$$

其中，C_i 表示消费者对第 i 种产品的消费量，A_i 表示必需品的最低消费量，β_i 表示消费者对第 i 种产品的支出比例，n 为产品种类数。

基于 Stone – Geary 效用函数，我们在多种消费品中添加对传统品消费的最低生存水平，以本国 D 为例，构建消费者的效用函数如下：

$$U = C_S^{\alpha} C_A^{\beta}$$

$$\left\{ C_A = \left[\sum_{i=1}^{N_A} (c_{ai} - c_{ai0})^{\rho} \right]^{1/\rho} \right.,$$

$$\left. C_S = \left[\sum_{i=1}^{N_S} (c_{si} - c_{si0})^{\gamma} \right]^{1/\gamma} \right\}$$

$$\text{s. t.} \quad P_S C_S + P_A C_A \leqslant I \quad (3.2.2)$$

其中，C_S 表示消费者对不同服务品的总消费量，c_{si} 为消费者对第 i 种服务品的消费量；C_A 表示传统产品的消费量，c_{ai} 为第 i 种传统产品的消费量，c_{ai0} 为消费者对第 i 种传统产品的最低消费量，即最低生存水平，c_{si0} 为消费者对第 i 种服务品的最低消费，此处，我们假定消费者个人可以提供自己所需的最低服务，因而我们设 $c_{si0} = 0$，则 $C_S = \left(\sum_{i=1}^{N_S} c_{si}^{\gamma} \right)^{1/\gamma}$；$\alpha$、$\beta$ 分别为服务品、传统品的支出比例，ρ、γ 分别为不同服务品、传统产品的替代弹性；P_S、P_A 分别表示服务品、传统产品的价格指数，I 表示消费者个人收入。

3. 消费者

最大化消费者的效用函数，可以得出代表性消费者对服务业和传统产业部门的需求函数：

$$C_S = \alpha(I - I_0)/P_S, \quad C_A = C_{A0} + \beta(I - I_0)/P_A \quad (3.2.3)$$

其中，$C_{A0} = \sum_{i=1}^{N_A} C_{ai0}$，$I_0 = P_A C_{A0}$。$C_{A0}$ 为传统产品的最低生

存水平，I_0 为最低生存支出。

进一步，根据式（3.2.3），分别计算服务业和传统产业的需求收入弹性，$\xi_{IC_S} = I/(I - I_0)$，$\xi_{IC_A} = I/(I - I_0 + P_A C_{A0}/\beta)$，可见，$\xi_{IC_S} > \xi_{IC_A}$ 且 $\xi_{IC_S} > 1$，表明与传统产业相比，服务业的需求收入弹性更高，这一结论与我们的一般认识是相符的。

进一步，从代表性消费者扩大到全国范围内，本国消费者对服务业和传统产业多种消费品的总需求函数为：

$$D_{C_S} = \alpha(I - I_0)L/P_S = \alpha(E - LI_0)/P_S,$$
$$D_{C_A} = C_{A0}L + \beta(I - I_0)L/P_A = C_{A0}L + \beta(E - LI_0)/P_A \quad (3.2.4)$$

其中，E 为本国总收入。同样，可得外国消费者对服务业和传统产业多种消费品的总需求函数为：

$$D_{C_S}^* = \alpha(I^* - I_0^*)L^*/P_S^* = \alpha(E^* - L^*I_0^*)/P_S^*,$$
$$D_{C_A}^* = C_{A0}^*L^* + \beta(I^* - I_0^*)L^*/P_A^* = C_{A0}^*L^* + \beta(E^* - L^*I_0^*)/P_A^*$$

$$(3.2.5)$$

其中，I^*、E^* 分别表示外国 F 代表性消费者收入和外国总收入，C_{A0}^*、I_0^* 分别表示外国 F 传统产业的最低消费水平和最低生存支出。P_S^*、P_A^* 分别表示外国 F 服务业和传统产业的价格指数。

4. 生产者

代表性生产者采用单一的生产要素劳动进行生产，假定本国 D 和外国 F 中每种服务业的生产具有相同的成本函数：

$$l_{c_{si}} = \alpha + \beta c_{si}, \qquad l_{c_{si}}^* = \alpha + \beta c_{si}^* \qquad (\alpha、\beta > 0) \quad (3.2.6)$$

其中，$l_{c_{si}}$、$l_{c_{si}}^*$ 分别为本国 D 和外国 F 生产第 i 种服务业所投入的劳动，α 为固定成本，β 为边际成本。可以看出，平均成本随着服务品数量的增加而递减，每种服务品的生产均具有规模经济。

假定充分就业，$\sum_{i=1}^{M} l_i = L$，$\sum_{i=1}^{M} l_i^* = L^*$。

借鉴克鲁格曼（Krugman，1980）与赫尔普曼和克鲁格曼（Helpman，Krugman，1985）等对代表性生产者的做法，并未对经典模型作出任何改变，最终得到两国服务业中相对多样化产品所包含的产品种类数与相对多样化产品的总需求之比为：

$$\frac{N_{Si}}{N_{Si}^*} = \frac{(D_{C_{Si}}/D_{C_{Si}}^* - \kappa_{C_{Si}})}{1 - \kappa_{C_{Si}}(D_{C_{Si}}/D_{C_{Si}}^*)} \qquad (3.2.7)$$

其中，N_{Si}、N_{Si}^* 分别表示本国 D 和外国 F 第 i 种服务业所包含的产品种类数，$D_{C_{Si}}$、$D_{C_{Si}}^*$ 分别表示本国 D 和外国 F 对第 i 种服务业的总需求，$\kappa_{C_{Si}}$ 分别表示本国 D 对第 i 种服务业的进口需求与本地需求之比，[①] 在存在冰山运输成本的情况下，$\kappa_{C_{Si}} < 1$。

3.2.2 均衡解

对相对需求求偏导，可以得到两国相对服务品种类数与相对总需求之间的关系如下：

$$HME = \frac{\partial(N_{Si}/N_{Si}^*)}{\partial(D_{C_{Si}}/D_{C_{Si}}^*)} = \frac{1 - \kappa_{C_{Si}}^2}{[1 - \kappa_{C_{Si}} \times (D_{C_{Si}}/D_{C_{Si}}^*)]^2} > 1 \qquad (D_{C_{Si}}/D_{C_{Si}}^* > 1)$$

$$(3.2.8)$$

上述公式表明，当本国 D 对某种服务业的总需求大于外国 F 时，本国将超比例地生产和提供更多该种服务业所包含的服务品种类数，并成为该种服务业的出口国。

韦德（Weder，1995）着重从人口数量和比例分析了生产与需求的关系。该文假设两国两种产业的生产和消费是完全相反的，并将其称为"镜像（mirror image）"。在两国总人口数量相等，对两种服务产业需求完全相反，得出异质性需求对生产具有扩大效应，即超常需求，本地产业生产对需求量的反应是一种大于 1:1 的专业

---

① 克鲁格曼（Krugman，1980）推导得到 $\kappa_{C_{Si}} = (1/\tau)^{\frac{\theta}{1-\theta}}$，$\tau$ 为冰山运输成本，从本国运输 τ 单位产品，最终只有 1 单位产品到达外国，θ 为消费者对第 i 产品的支出比例，因此，在存在运输成本的情况下，$0 < \kappa_{C_{Si}} < 1$。

化模式，见图 3-6；当两国总人口数量不同，对两种服务产业需求完全相反，一国在两种服务业都具有较大的市场规模，同样得出当两国市场规模不同时，拥有较大规模市场的一国将提供更多服务，并成为该服务业的净出口国，见图 3-7。

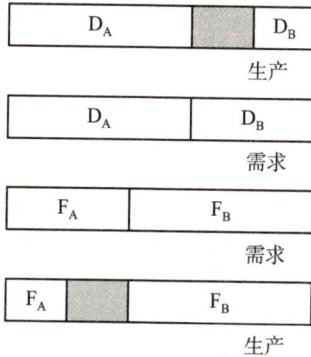

图 3-6 超常需求对生产的扩大效应

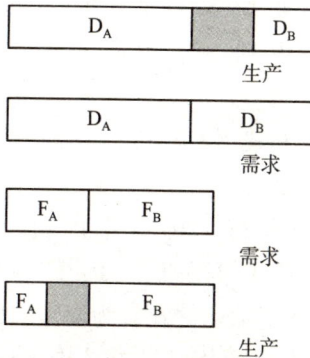

图 3-7 国家市场规模不同的生产类型

注：D、F 分别表示本国和外国，A、B 表示两种产业，阴影部分表示净出口。
资料来源：作者根据戴维斯和韦恩斯坦（Davis, Wenstein, 1996）整理而得。

N_{Si}/N_{Si}^* 与 D_{CSi}/D_{CSi}^* 的关系，如图 3-8 所示：

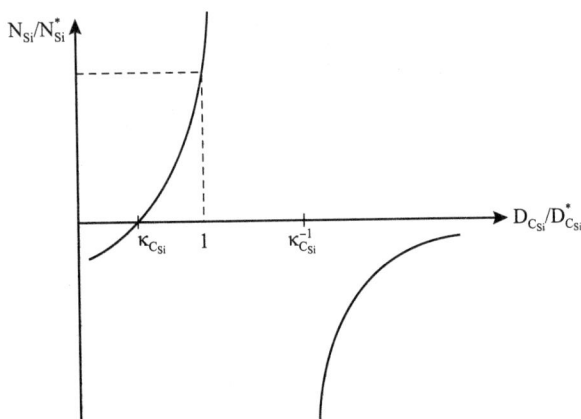

图 3 – 8　N_{Si}/N_{Si}^* 与 $D_{C_{Si}}/D_{C_{Si}}^*$ 关系图

资料来源：作者根据式（3.2.8）整理而得。

上述分析 $D_{C_{Si}}/D_{C_{Si}}^*$ 的范围为 $\kappa_{C_{Si}} < D_{C_{Si}}/D_{C_{Si}}^* < \kappa^{-1}$，$N_{Si}$ 与 N_{Si}^* 均为非零值；当 $D_{C_{Si}}/D_{C_{Si}}^*$ 取值在该范围外时，如 $D_{C_{Si}}/D_{C_{Si}}^* < \kappa_{C_{Si}}$，此时，$N_{Si}=0$，本国将专业化生产提供 B 服务产业，外国将专业化生产提供 A 服务产业；当 $D_{C_{Si}}/D_{C_{Si}}^* > \kappa_{C_{Si}}^{-1}$ 时，$N_{Si}^*=0$，与上述情况相反。

结合式（3.2.4）和式（3.2.5），考虑非位似偏好下，两国服务业的相对需求为：

$$\frac{D_{C_S}}{D_{C_S}^*} = \frac{\alpha(E - LI_0)/P_S}{\alpha(E^* - L^*I_0^*)/P_S^*} = \frac{P_S^*(E - LI_0)}{P_S(E^* - L^*I_0^*)} \tag{3.2.9}$$

本国 D 和外国 F 的总收入之比，为两国的相对需求规模，两国消费者个人收入水平之比为相对需求结构（Linder，1961），则式（3.2.9）表示两国的相对总需求是相对需求规模与相对需求结构两种因素的函数。

令 $\nu = D_{C_S}/D_{C_S}^*$，$\psi = E/E^*$，$\omega = I/I^*$，$p = P_S/P_S^*$，则式（3.2.9）可以化简为：

$$\nu = \frac{\psi}{p\omega}\left(\frac{\omega - I_0/I^*}{1 - I_0^*/I^*}\right) \tag{3.2.10}$$

3.2.3 数值模拟

在上文中，本国服务业的相对总需求，将受到相对需求规模、需求结构、价格、最低支出比例等因素的影响。此处，我们重点考察相对需求规模与相对需求结构因素的影响。因而，沿袭上文的做法，接下来本书将首先采用 Matlab 软件来刻画相对市场规模、相对需求结构与相对总需求间的相互关系图，然后，基于 Mathematica 软件设置模型参数值来进行数值模拟，进一步分析上述变量间的相互关系。

图 3 - 9 中，X 轴表示两国的相对市场规模 ψ，Y 轴表示相对需求结构 ω，Z 轴表示服务业的相对总需求 ν，设置 $p = 1.2$，$I_0/I^* = 0.2$，$I_0^*/I^* = 0.3$。由图可知，相对市场规模越大，相对需求结构越大，相对总需求越大。服务业的相对需求，是相对市场规模和相对需求结构的增函数。

接下来，对式（3.2.10）中参数值进行设置，通过数值模拟的方法继续分析变量间的相互关系。[①]

从图 3 - 10 可以看出，当 $\psi = 1.5$，2，2.5，3 时，相对总需求都随着相对市场规模的增加而增加。由图 3 - 11 可知，当 $\omega = 1$，2，3，4 时，相对总需求都随着相对需求结构的增加而增加。

---

① 图 3 - 10 与图 3 - 11 中，设置 $\{p, I_0/I^*, I_0^*/I^*\} = \{1.2, 0.2, 0.3\}$。本书进行了多组数值模拟，趋势明显且稳健，在图 3 - 10 ~ 图 3 - 11 中都仅给出了四组数值模拟结果。

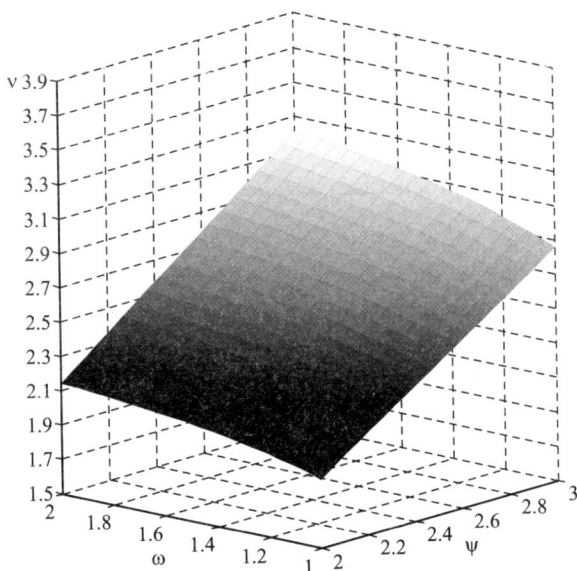

图 3 - 9　相对市场规模、相对需求结构与相对总需求关系

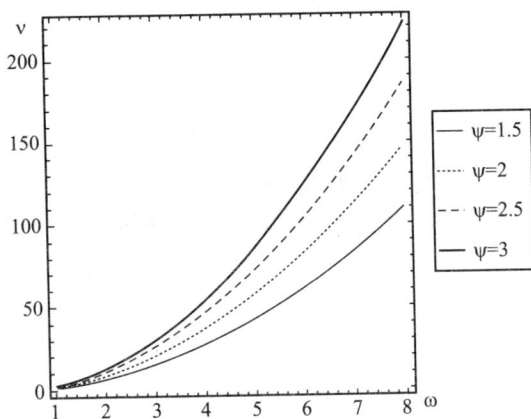

图 3 - 10　相对需求规模与相对总需求数值模拟

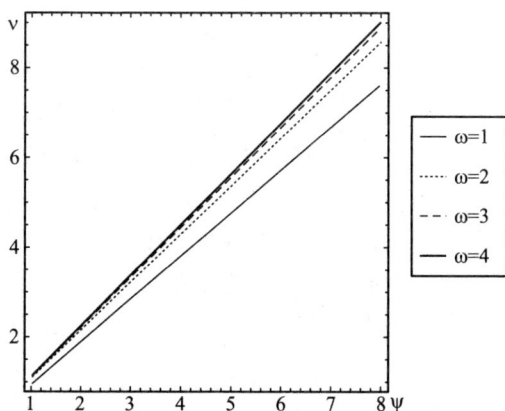

图 3－11　相对需求结构与相对总需求数值模拟

3.2.4　结论说明

利用式（3.2.10），将 ν 分别对 ψ 和 ω 求偏导，得到：

$$\frac{\partial \nu}{\partial \psi} = \frac{\psi(1 - I_0/I^*)(I_0/I^*)}{p\omega^2} > 0,$$

$$\frac{\partial \nu}{\partial \omega} = \frac{\psi(1 - I_0/I^*)(I_0/I^*)}{p\omega^2(1 - I_0^*/I^*)^2} > 0 \qquad (3.2.11)$$

上式表明，相对总需求是相对需求规模与相对需求结构的增函数，相对需求规模越大，相对需求结构越大，相对总需求越大。

根据式（3.2.10）、式（3.2.11），可以将本国 D 和外国 F 的相对总需求分解为相对需求规模和相对需求结构，结合式（3.2.8），可以归纳为以下几种本地效应可能存在的情形：

（1）当 $\psi > 1$，$\omega > 1$ 时，$\nu > 1$，进而可得 HME > 1，即本地市场效应存在。

（2）当 $\psi > 1$，$\omega < 1$ 时，$\nu > 1$，进而可得 HME > 1，即本地市场效应存在。

（3）当 $\psi < 1$，$\omega > 1$ 时，$\nu > 1$，仍然可得 HME > 1，即本地市

场效应存在。

情形一表明，当本国相对需求规模和相对需求结构均较大时，两者相互强化，从而促使服务业存在本地市场效应；情形二表明，本国相对需求规模较大，相对需求结构较小，但相对需求规模起主要作用，最终促使本国生产提供超额比例的服务品，导致本地市场效应存在；情形三表明，即使本国相对规模处于劣势而相对需求结构较大，同样会导致本地市场效应的存在，然而，对于作为世界第一人口大国的中国，这种情形是不存在的，因而我们不考虑这种情形。

3.3 模型拓展之二：基于服务企业异质性的本地市场效应

3.3.1 模型假设

1. 基本假设

假定存在两个国家：国家 D 和国家 F，其劳动力总数分别为 L 和 L^*，工资率分别为 w 和 w^*，资本规模分别为 K 和 K^*。假设存在两个部门：传统部门（A）和现代服务部门（S）。其中，传统部门具有规模报酬不变、完全竞争的瓦尔拉斯均衡特征；传统部门的企业是同质的，使用劳动力作为唯一的生产投入，生产 1 单位的传统产品需要 1 单位的劳动力，其贸易不存在贸易成本。而现代服务部门则具有规模报酬递增、垄断竞争特征。对于劳动力投入而言，在部门之间可以自由流动，但在国家间不能自由流动。此时，劳动力的工资 w 将等于其边际产品，即 $w = p_A$，其中，p_A 为传统产品的价格。

2. 服务贸易的 "冰山成本"

在空间经济学与新贸易理论中,通常将货物贸易的运输成本以 "冰山成本" (Iceberg Cost) 形式表示 (Samuelson,1954;Krugman,1980):从 A 国运输 τ 单位的产品最终仅有 1 单位能够到达 B 国,剩下的 (τ−1) 单位产品在运输途中被损耗掉了。虽然,服务和货物在产品形式上有很大的区别,距离等因素对服务产品贸易的影响远不如对货物贸易显著,如金融、咨询等服务贸易受距离的影响有限,但在国际服务贸易中,各国对服务业领域的监管更加严格,服务业被更多列入负面清单管理中,例如,金融行业 (Bouvatier,2014)。此外,政策壁垒 (关税壁垒和非关税壁垒)、不合理的汇率政策、资本管制、政府无效率、体制障碍、基础设施不健全等,都增加了服务产品的相对价格 (Anderson,Wincoop,2004;胡宗彪,2014)。因此,国际服务贸易也存在和国际货物贸易类似的 "冰山成本":当 A 国服务生产者向 B 国提供 τ 单位服务时,由于市场的不完全开放、技术标准的不一致、贸易政策等因素导致只有 1 单位服务到达 B 国。[①] 例如,在跨境支付下,尽管不存在人员、物资和资本的流动与运输,但国际间电讯、计算机联网费用会高于一国内部的情形,导致跨境交付下服务产品的价格相对较高。再如,在商业存在下,服务业被更多地列入负面清单,未列入负面清单的服务业部门也不是完全开放,增加了搜寻、信息和法律及规制成本 (Miroudot et al.,2012;Van der Marel,2012)。因此,由于服务业市场未完全开放和各类边境内壁垒的大量存在,外国服务生产者提供每单位服务需要比本国服务提供者花费更多成本。本章将

---

① 在服务贸易不同模式下,服务产品的 "冰山成本" 会不同,但跨境交付、境外消费、商业存在、自然人流动都存在类似于货物贸易的 "冰山成本",尽管 τ 的大小有差异。

服务贸易成本也表示为"冰山成本"形式：

$$\overline{p_i} = \tau p_i, \quad \overline{p_i^*} = \tau p_i^* \qquad (3.3.1)$$

其中，$\overline{p_i}$ 代表 D 国企业 i 的服务品在 F 国的定价，$\overline{p_i^*}$ 代表 F 国企业 i 的服务品在 D 国的定价。

3. 异质性服务企业

对于现代服务部门而言，部门内的异质性服务企业都使用 1 单位服务资本作为固定投入，而使用劳动力和服务中间品组合 C_c 作为可变投入，服务企业 i 生产 1 单位服务产品所需要的可变投入为 a 单位。此时，a 可以视为异质性服务企业的生产率差异。假设异质性服务企业生产率服从连续可微的帕累托分布（Baldwin，Okubo，2006），即：

$$G(m_i) = (a_i/a^{max})^k, \quad k \geqslant 1 \qquad (3.3.2)$$

其中，a^{max} 表示异质性服务企业的生产率最低值，定义为服务企业生产率下限；k 表示帕累托分布的形状参数。对于 a 而言，其帕累托分布函数的概率密度函数与分布函数分别表示为：

$$f[a] = \rho a^{\rho-1}$$
$$G[a] = a^\rho, \quad 0 < a \leqslant 1, \quad \rho \geqslant 1 \qquad (3.3.3)$$

其中，ρ 是一个常数，用以表示密度函数的形状。

异质性服务企业的服务产品生产，需要服务中间投入品组合[①]和劳动力作为可变投入，两者按照 Cobb - Douglas 函数形式投入生产，服务中间投入品组合内部则为 CES 函数形式。

---

① 在空间经济学领域，较多文献分析了制造业的中间投入品问题，构建了产业垂直关联模型，例如，FCVL 模型（Robert - Nicoud，2004）、FEVL 模型（Ottaviano，Robert - Nicoud，2006）等。服务品的生产，也存在着服务中间品投入。据此，本章将构建服务业的垂直关联模型。

4. 消费者效用函数

消费者效用函数采用拟线性形式:

$$U = \mu \ln C_S + C_A, \quad C_S = \left(\int_{i=0}^{n_D+n_F} c_i^{1-1/\sigma} di \right)^{1/(1-1/\sigma)}, \quad 0 < \mu < 1 < \sigma$$

$$(3.3.4)$$

其中,μ 表示代表性消费者对服务产品的支出偏好系数,是一个常数;C_S 表示消费者对不同服务产品的消费数量指数;[①] c_i 表示第 i 种服务产品的消费数量;σ 为差异化服务产品之间的替代弹性;C_A 表示传统产品的消费量;[②] n_D 和 n_F 分别代表国家 D 和国家 F 生产的服务产品种类。

不同的国家对于服务产品的偏好系数不同。具体来讲,在式(3.3.4)中,对于国家 D 和国家 F 而言,服务产品的支出偏好系数不同,即 $\mu \neq \mu^*$。我们假定国家 D 对服务产品的偏好更强,即 $\mu > \mu^*$。

3.3.2 模型求解

根据上文假设,两个国家的异质性服务企业 i 的生产成本函数分别为:

$$CT(x_i) = \pi_i + a_i x_i P, \quad CT^*(x_i^*) = \pi_i^* + a_i^* x_i^* P^* \qquad (3.3.5)$$

其中,$CT(x_i)$ 和 $CT^*(x_i^*)$ 分别表示国家 D 和国家 F 的服务企业 i 的生产函数;π_i 和 π_i^* 分别表示国家 D 和国家 F 的服务企业 i 的资本收益;x_i 和 x_i^* 分别表示国家 D 和国家 F 的服务企业 i 的服务产品生产数量;P 和 P^* 分别表示国家 D 和国家 F 的中间投

---

① 在本章中,消费者对不同服务产品的消费组合与服务生产企业对服务中间投入品的消费组合的函数形式是一致的。

② 传统产品无差异,属于单一产品,消费者对传统产品的效用是线性的。

入品价格指数，表现为工资与服务中间投入品价格[1]的固定比例组合：

$$P = w^{1-\mu} \Big[\int_{i=1}^{n_D} p_i^{1-\sigma} di + \int_{i=1}^{n_F} (\overline{p_i^*})^{1-\sigma} di \Big]^{\frac{\mu}{1-\sigma}},$$

$$P^* = (w^*)^{1-\mu^*} \Big[\int_{i=1}^{n_F} (p_i^*)^{1-\sigma} di + \int_{i=1}^{n_D} (\overline{p_i})^{1-\sigma} di \Big]^{\frac{\mu^*}{1-\sigma}} \quad (3.3.6)$$

对于服务生产企业来说，服务中间投入品的消费占到可变投入的 μ 部分。以国家 D 为例，消费者效用函数最大化可以得到国家产品 i 的需求量 c_i：

$$c_i = p_i^{-\sigma} \mu G^{\frac{\sigma-1}{\mu}}$$

$$G \equiv \Big[\int_{i=1}^{n_D} p_i^{1-\sigma} di + \int_{i=1}^{n_F} (\overline{p_i^*})^{1-\sigma} di \Big]^{\frac{\mu}{1-\sigma}} \quad (3.3.7)$$

其中，G 为国家 D 的消费者价格指数。在 D – S 垄断竞争框架下，厂商将最大化其利润。以国家 D 为例，此时，服务企业 i 的利润最大化过程可以表示为：

$$\max \ (p_i x_i - \pi_i - a_i x_i P)$$

$$\text{s.t.} \quad x_i = c_i + \overline{c_i^*} = p_i^{-\sigma} \Big[\mu G^{\frac{\sigma-1}{\mu}} + \tau^{1-\sigma} \mu^* (G^*)^{\frac{\sigma-1}{\mu^*}} \Big] \quad (3.3.8)$$

其中，c_i 与 $\overline{c_i^*}$ 分别表示国家 D 和国家 F 对国家 D 提供的服务产品 i 的需求，$G^* \equiv \Big[\int_{i=1}^{n_F} (p_i^*)^{1-\sigma} di + \int_{i=1}^{n_D} (\overline{p_i})^{1-\sigma} di \Big]^{\frac{\mu^*}{1-\sigma}}$ 为国家 F 的消费者价格指数。[2] 求解 p_i，可以得到：

$$p_i = \frac{\sigma a_i}{\sigma - 1}, \quad \overline{p_i} = \tau p_i \quad (3.3.9)$$

令 $\overline{m_i}$ 和 $\overline{m_i^*}$ 分别表示，国家 D 第 i 种服务产品的出口数量和进

---

① 此处 p_i 表示的是，一国消费的所有服务产品，既包括本国生产、本国消费的服务产品，也包括外国生产、本国消费的服务产品，后者的价格中包含冰山成本。

② 国家 D 的企业 i 对应的生产量为 $c_i + \tau c_i^*$，其中，$(\tau - 1) c_i^*$ 部分的服务产品在向国家 F 提供的过程中损耗掉了。

口数量。根据式（3.3.1）和式（3.3.7），此时可以得到：

$$\overline{m_i} = (\tau p_i)^{-\sigma} \mu^* (G^*)^{\frac{\sigma-1}{\mu^*}}, \quad \overline{m_i^*} = (\tau p_i^*)^{-\sigma} \mu G^{\frac{\sigma-1}{\mu}} \tag{3.3.10}$$

由于异质性服务企业服从帕累托分布，此时，国家 D 生产率 a 对应的服务产品的出口数量和进口分别定义为 $\overline{M_i}$ 和 $\overline{M_i^*}$，表示为式（3.3.11）：

$$\overline{M_i} = (\tau p_i)^{-\sigma} \mu^* (G^*)^{\frac{\sigma-1}{\mu^*}} f(a_i), \quad \overline{M_i^*} = (\tau p_i^*)^{-\sigma} \mu G^{\frac{\sigma-1}{\mu}} f(a_i)$$

$$\tag{3.3.11}$$

均衡时，两国的服务贸易平衡，即国家 D 的服务贸易出口额等于服务贸易进口额。定义国家 D 的服务贸易顺差为 TB，此时有：

$$TB = \int_0^{N_D} (\tau p_i)^{-\sigma} \mu^* (G^*)^{\frac{\sigma-1}{\mu^*}} f(a_i) di - \int_0^{N_F} (\tau p_i^*)^{-\sigma} \mu G^{\frac{\sigma-1}{\mu}} f(a_i) di$$

$$\tag{3.3.12}$$

均衡时，两国的劳动力市场均出清，即：

$$L = LC_A + \int_{i=1}^{n_D} a_i x_i di, \quad L^* = L^* C_A^* + \int_{i=1}^{n_F} a_i^* x_i^* di$$

$$\tag{3.3.13}$$

对于第 i 种产品而言，我们将国家 D 和国家 F 的相对出口量定义为 RE_i：

$$RE_i \equiv \frac{\overline{m_i}}{\overline{m_i^*}} = \frac{(\tau p_i)^{-\sigma} \mu^* (G^*)^{\frac{\sigma-1}{\mu^*}}}{(\tau p_i^*)^{-\sigma} \mu G^{\frac{\sigma-1}{\mu}}} = \frac{\mu^*}{\mu} \frac{(G^*)^{\frac{\sigma-1}{\mu^*}}}{G^{\frac{\sigma-1}{\mu}}} \tag{3.3.14}$$

根据式（3.3.3）和式（3.3.7）以及上述均衡条件，我们可以将这两个国家的服务产品价格指数化简为：

$$G^{\frac{1-\sigma}{\mu}} = \left(1 - \frac{1}{\sigma}\right)^{\sigma-1} \lambda (K + \phi K^*),$$

$$(G^*)^{\frac{1-\sigma}{\mu^*}} = \left(1 - \frac{1}{\sigma}\right)^{\sigma-1} \lambda (\phi K + K^*)$$

$$\lambda \equiv \frac{\rho}{1 - \sigma + \rho}, \quad 0 \leqslant \phi \equiv \tau^{1-\sigma} \leqslant 1 \tag{3.3.15}$$

我们假设这两个国家的劳动力数量相同，即 $L = L^*$，而资本禀赋不同，令 $K < K^*$。在这种情形下，国家 F 具有资本禀赋的比较优势，即 $K/L < K^*/L^*$。

令 $CS \equiv \mu L$，$CS^* \equiv \mu^* L^*$，分别表示国家 D 和国家 F 的市场规模。此时，相对市场规模 RC 可以表示为：

$$RC = \frac{\mu L}{\mu^* L^*} = \frac{\mu}{\mu^*} \qquad (3.3.16)$$

进而，可以得到国家 D 的服务产品相对出口与相对市场规模之间的关系：

$$\frac{\partial(RE_i)}{\partial(RC)} = \left[\frac{\phi K + K^*}{K + \phi K^*}\right]\left(\frac{\mu^*}{\mu}\right)^2 = \left[\frac{\phi(K/K^*)+1}{(K/K^*)+\phi}\right]\left(\frac{\mu^*}{\mu}\right)^2$$

$$(3.3.17)$$

3.3.3 结论说明

在本章中，我们假设这两个国家的劳动力规模绝对值相等，因此，资源禀赋差异体现在资本要素上，后者同时也反映了两国的资源禀赋比较优势。因此，式（3.3.17）中 D 国的服务产品相对出口与相对市场规模之间的关系，可以归纳如下：

（1）封闭经济情形
当两国为完全的封闭经济时，并不存在服务产品出口的情形；

（2）一般情形
在一般情形下，服务行业 $\frac{\partial(RE_i)}{\partial(RC)}$ 是否大于 1，即本地市场效应是否成立，可以表达为：

$$\begin{cases} \dfrac{K}{K^*}\left(\dfrac{\mu}{\mu^*}\right)^2 \geqslant 1, & \text{不成立} \\[3mm] \dfrac{K}{K^*}\left(\dfrac{\mu}{\mu^*}\right)^2 < 1 \text{ 且 } \phi < \phi_B, & \text{成立} \end{cases} \qquad (3.3.18)$$

其中，$\phi_B = \left[1 - \dfrac{K}{K^*}\left(\dfrac{\mu}{\mu^*}\right)^2\right] \Big/ \left[\left(\dfrac{\mu}{\mu^*}\right)^2 - \dfrac{K}{K^*}\right]$。

(3) 完全开放经济情形

在完全开放情形下，$\phi = 1$，此时 $\dfrac{\partial(RE_i)}{\partial(RC)} < 1$，不存在本地市场效应。

根据以上分析我们可以判断得出，服务业的本地市场效应是否成立，并不能得到确切的结论，这受到了两国的资源禀赋比较优势、服务贸易自由度、消费者相对需求偏好等因素的影响。因此，接下来，我们将利用中国的经验数据对此进行实证检验。

3.4　本 章 小 结

经典本地市场效应模型：克鲁格曼（Krugman，1980）在迪克斯特和斯蒂格利茨（Dixit，Stiglitz，1977）规模经济和垄断竞争模型的基础上，建立了内生规模经济与产品多样化的贸易模型，从需求和人口数量等方面分析了两国贸易发生的原因，得出当本国较外国有更大的市场规模时，本国将生产更多种类的服务，并成为该产业的出口国，即一国内部需求市场的稳定和扩大所带来的规模生产和生产效率改进能够促进其出口，证实了本地市场效应的存在。

模型拓展之一：基于非位似偏好的本地市场效应。按照经典本地市场效应理论模型的思路，中国作为世界第一人口大国和第二大经济体，那么，中国几乎应该在所有产业出口上都具有本地市场效应，然而，很明显现实并非如此。重叠需求理论认为，两国之间消费偏好越相似，需求结构越相近，则两国之间贸易往来越密切，而收入水平是影响一国需求结构的最主要因素。经典模型忽略了需求结构的作用。因而，我们将 CD – CES 效用函数与 Stone – Geary 偏好结合，构建非位似偏好效用函数，并以相对平均收入水平来衡量相对需求结构，进一步将相对总需求分解为相对需求规模与相对需求结构，来研究相对需求结构和相对需求规模对服务业本地市场效应的共同影响，更新了本地市场效应的模型推导。

模型拓展之二：基于服务企业异质性的本地市场效应。目前，对本地市场效应的实证研究，大多数都是基于分行业而进行的，但其理论模型中并没有识别行业的这种异质性：不同行业的企业生产率存在着差异。根据梅里兹（Melitz，2003），由于存在出口沉没成本，高生产率企业的出口倾向更高。因此，从理论逻辑上来讲，这种因企业异质性导致的出口倾向差异，进而可能会改变行业的相对出口规模。因而，我们认为，忽视服务行业与企业的异质性导致的偏误可能更大，也更致命。基于这种考虑，我们拓展了经典本地市场效应模型，引入了服务企业异质性假设，构建了两国框架下的垂直关联模型，对本地市场效应的成立及条件进行了理论推导。在模型拓展二中，引入服务企业异质性假设，改变了现有本地市场效应研究文献基于企业同质性的假设，具有一定的理论创新，使得理论模型更加符合现实情况，并且能够与实证分析更好地衔接。理论模型的拓展，是现阶段对本地市场效应研究的有益补充。

经典模型下服务业出口的
本地市场效应研究

4.1 中国服务业出口的特征事实

从经济发展的阶段性特征来看，中国已处于工业经济向服务经济转型时期，制造业转型升级、内需市场启动、加快城市化进程等，都为服务业发展提供了巨大的需求市场和快速发展动力（夏杰长等，2010；江小涓，2011；裴长洪，2012）。"十一五"以来，中国服务贸易的出口规模与行业结构，都呈现出快速扩张和优化发展的态势。

图4-1描述了中国自2000年以来的服务贸易总量状况。从服务贸易总量上来看，中国服务贸易进出口总额从2000年的664.61亿美元增长到2013年的5365.06亿美元，年平均增长率高达17.43%，远高于同期世界服务贸易8.91%的年均增长率；同时，

服务贸易进出口总额占世界比重从 2000 年的 2.19% 提升到 2013 年的 5.82%，成为全球第三大服务贸易国。其中，服务出口贸易额从 2000 年的 304.31 亿美元增长到 2013 年的 2059.21 亿美元，年平均增长率高达 15.84%，远高于同期世界服务出口 9.10% 的年均增长率；出口贸易占比也从 2000 年的 2.00% 增长到 2013 年的 4.36%，占比排名从 2000 年的世界第九位提升至 2013 年的第五位。进口贸易从 2000 年的 360.31 亿美元增长到 2013 年的 3305.85 亿美元，年平均增长率为 18.59%，远高于同期世界 8.71% 的年平均增长率；进口贸易占比从 2000 年的 2.37% 增长到 2013 年的 7.35%，排名由世界第八位上升到第二位，仅次于美国 10.15% 的进口占比。

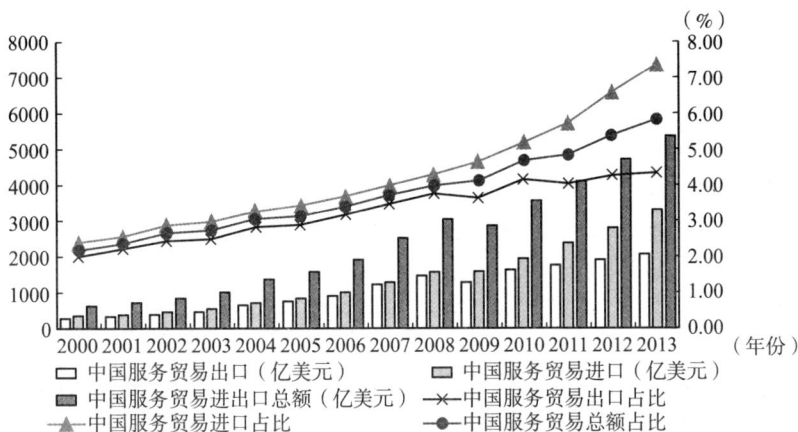

图 4 - 1　2000 ~ 2013 年中国服务贸易进出口发展趋势

数据来源：作者根据联合国服务贸易数据库整理而得。

表 4 - 1 选取了 2000 年以来，服务贸易进、出口位居世界前十名的国家以及"金砖"国家，来比较分析中国服务贸易出口增长率情况。

表 4 - 1　2000～2013 年中国服务业出口总额增长率的国际比较

单位：%

	2000年	2001年	2002年	2003年	2004年	2005年	2006年	2007年	2008年	2009年	2010年	2011年	2012年	2013年	均值
中国	15.93	9.54	19.23	17.65	38.82	14.62	23.66	32.82	20.38	-11.99	25.25	8.79	8.51	7.57	16.49
美国	7.11	-3.83	2.72	3.51	16.14	9.92	11.92	16.27	9.05	-4.49	8.99	11.03	5.22	4.91	7.04
英国	1.27	-0.48	10.85	19.59	24.73	5.04	13.66	22.47	-1.28	-9.56	3.58	10.85	-1.52	1.65	7.20
德国	-1.04	6.47	15.38	20.59	19.27	11.52	14.19	18.70	15.25	-6.50	3.46	10.64	-1.24	7.71	9.60
法国	-3.36	-0.55	6.87	15.06	16.43	6.60	5.10	16.07	10.81	15.32	2.94	19.97	-8.18	9.63	8.05
意大利	-3.85	2.10	3.76	19.70	18.29	5.59	10.47	13.32	3.09	-18.38	4.01	9.80	-2.25	5.69	5.10
日本	13.73	-6.91	1.89	18.10	25.77	13.06	6.38	9.96	15.28	-13.78	10.17	2.99	0.06	1.62	7.02
荷兰	-3.20	-2.20	9.05	26.71	19.70	8.57	5.00	15.50	12.80	-9.59	3.69	17.16	-3.50	11.70	7.96
新加坡	8.81	0.36	7.84	22.84	27.59	15.03	18.98	28.31	16.71	-23.88	25.06	15.71	7.33	4.35	12.50
西班牙	0.22	5.97	7.29	24.01	16.16	10.11	12.14	20.10	12.01	-13.80	1.13	14.90	-3.87	6.12	8.03
爱尔兰	14.75	45.92	15.38	47.43	25.69	13.84	19.39	29.92	7.01	-5.64	4.80	15.07	2.44	8.32	17.45
全世界	6.02	0.21	7.14	16.07	21.39	11.76	13.04	19.99	12.20	-9.21	9.58	12.23	2.31	5.51	9.16
"金砖"国家															
印度	15.00	3.91	12.35	22.71	60.16	37.22	32.75	24.66	23.24	-13.62	26.37	18.65	5.33	3.59	19.45
巴西	32.12	-1.86	2.46	9.38	20.45	27.53	21.28	23.08	27.12	-8.94	13.96	20.92	4.33	-1.83	13.57
俄罗斯	5.49	17.26	18.96	19.23	26.90	21.25	24.56	26.22	30.37	-17.13	6.29	22.51	7.02	11.30	15.73
南非	-3.15	-3.97	2.89	69.30	16.98	14.46	8.08	13.14	-7.33	-6.13	16.50	5.86	2.19	-6.43	8.74

数据来源：作者根据联合国服务贸易数据库整理而得。

就服务贸易出口增长率而言，2000~2013 年，在位居世界前十的发达国家中，中国出口年均增长率仅次于爱尔兰，成为第二增速的服务贸易出口国，远高于同期美国的 7.04%、英国的 7.20%、德国的 9.60% 等的年均出口增长率。比较发达国家与世界平均出口增长率可以发现，美国、英国、法国、意大利、日本、荷兰、西班牙等发达国家服务贸易出口年增长率均值都小于世界平均水平，这可能与欧债危机后，发达国家重回制造业市场有关。比较"金砖"国家服务业出口增长率来看，印度最高，南非最低，巴西和俄罗斯出口年增长率均值均高于世界平均水平。印度近年来服务贸易发展异军突起，出口贸易从 2000 年的 166.85 亿美元增长到 2013 年的 1513.86 亿美元，年增长率均值高达 19.45%，位居"金砖"国家出口增速首位，如此迅猛的出口增长速度促使其在 2011 年挤入世界前十大服务贸易出口国，并于 2013 年提升到世界第六位。

从服务贸易出口结构来看，近年来中国生产性服务业保持强劲的发展势头，服务贸易出口结构经历了由传统服务为主向新兴高附加值服务为主转变，由消费性服务业为主向生产性服务业为主转变的阶段，出口贸易结构不断优化。表 4-2、表 4-3 分别分析了中国分类型与分部门服务业出口占比及相关国际比较。

由表 4-2、表 4-3 可知，中国服务贸易出口结构发生了重要变化：第一，就生产性服务业与消费性服务业而言，2000 年中国服务贸易出口结构以消费性服务业为主，占比达 54.31%，到 2003 年，生产性服务业出口比例首次超过消费性服务业，2013 年增长到 74.26%，成为中国服务业发展的主导产业。其中，建筑、金融、保险、计算机和信息服务业等生产性服务业出口从 2000 年的 1.98%、0.26%、0.35%、1.17% 增长到 2013 年的 5.16%、1.54%、1.96%、7.49%。第二，就传统服务与新兴服务而言，旅游、运输等传统服务业总出口占比明显下降，由 2000 年的 65.40%

表 4-2　2000～2013 年中国分类型服务业出口占比的国际比较

单位：%

年	中国		美国		英国		德国		印度		全世界	
	PS	CS	PS	CS	PS	CS	PS	CS	PS	CS	PS	CS
2000 年	45.69	54.31	62.78	37.22	78.68	21.32	72.88	27.12	75.35	24.65	65.69	34.31
2001 年	45.24	54.76	64.80	35.20	80.75	19.25	74.01	25.99	78.45	21.55	66.39	33.61
2002 年	47.72	52.28	67.25	32.75	81.03	18.97	74.56	25.44	82.26	17.74	66.98	33.02
2003 年	61.94	38.06	68.36	31.64	81.76	18.24	74.44	25.56	80.20	19.80	67.93	32.07
2004 年	59.70	40.30	68.56	31.44	81.87	18.13	75.07	24.93	82.85	17.15	68.52	31.48
2005 年	59.78	40.22	68.19	31.81	81.53	18.47	77.58	22.42	84.90	15.10	69.56	30.44
2006 年	62.32	37.68	69.44	30.56	82.08	17.92	78.59	21.41	86.79	13.21	70.83	29.17
2007 年	68.82	31.18	70.84	29.16	83.89	16.11	80.42	19.58	86.71	13.29	72.16	27.84
2008 年	71.50	28.50	70.69	29.31	84.50	15.50	82.04	17.96	87.94	12.06	72.89	27.11
2009 年	68.55	31.45	72.18	27.82	85.60	14.40	82.94	17.06	87.06	12.94	72.68	27.32
2010 年	71.08	28.92	72.80	27.20	85.07	14.93	83.54	16.46	86.92	13.08	72.97	27.03
2011 年	72.03	27.97	72.57	27.43	85.21	14.79	83.51	16.49	86.56	13.44	73.00	27.00
2012 年	73.28	26.72	71.96	28.04	84.42	15.58	83.70	16.30	86.84	13.16	72.72	27.28
2013 年	74.26	25.74	71.61	28.39	82.95	17.05	83.90	16.10	86.73	13.27	72.42	27.58

注：表中 PS 代表生产性服务业出口占该国服务业出口总额的比重，CS 代表消费性服务业出口占该国服务业出口总额的比重。

数据来源：作者根据联合国服务贸易数据库整理而得。

表4-3　　　　2000~2013年中国分部门服务业出口占比的国际比较

单位：%

	中国		美国		英国		德国		印度		全世界	
	2000年	2013年	2000年	2013年	2000年	2013年	2000年	2013年	2000年	2013年	2000年	2013年
运输	12.06	18.27	15.74	12.65	15.89	11.96	23.82	20.90	11.86	11.16	22.76	19.19
旅游	53.34	25.08	34.83	25.25	18.19	13.76	22.43	14.14	20.74	12.15	31.33	25.08
建筑	1.98	5.16	0.63	0.00	0.16	0.86	5.10	3.35	3.01	0.81	1.98	2.23
通信	4.42	0.81	1.43	2.17	2.35	3.72	1.75	5.32	3.59	1.46	2.25	2.57
金融	0.26	1.54	7.65	12.27	16.85	21.10	4.27	5.27	1.65	3.92	6.41	7.10
保险	0.35	1.96	1.26	2.29	4.78	5.55	0.74	1.91	1.54	1.42	1.82	2.17
计算机和信息	1.17	7.49	2.40	2.66	3.61	5.54	4.56	7.65	24.26	32.71	3.00	6.08
版税及许可费	0.26	0.44	17.92	18.70	6.79	4.42	3.52	6.34	0.49	0.29	6.04	6.56
个人文化娱乐	0.04	0.08	0.05	0.00	1.64	1.96	0.49	0.22	0.00	0.81	0.96	0.90
其他商业服务	25.18	38.59	15.76	20.23	28.26	29.79	29.14	33.17	28.94	33.63	21.41	26.42
政府服务	0.94	0.58	2.34	3.14	1.49	1.33	4.20	1.74	3.92	0.30	2.01	1.61

数据来源：作者根据联合国服务贸易数据库整理而得。

减少到 2013 年的 43.35%，减少了 22.05%；建筑、金融、保险、计算机和信息服务等新兴服务业出口占比不断上升，总出口占比从 2000 年的 3.76% 增长到 2013 年的 16.15%。

对比分析 2000～2013 年中国与其他国家分类型服务业出口与分部门服务业出口占比可以发现：

（1）发展趋势方面。中国与世界其他国家一样，生产性服务业出口发展迅速，出口占比不断增加成为服务贸易的主要部门；然而，中国生产性服务业出口占比还相对较低，2000 年生产性服务业出口占比低于世界生产性服务业出口占比 20.00%，直到 2012 年才首次超过世界平均水平，但仍低于世界发达国家生产性服务业出口比例，2013 年，英国、德国生产性服务业出口比例分别为 82.95%、83.90%，高于中国 8.69% 和 9.64%，且"金砖"国家中印度也高出中国 12.47%。

（2）贸易结构方面。旅游、运输、其他商业服务，是各国服务业出口的主要行业，其中，旅游、运输等传统服务业近年来出口占比都有下降趋势，而其他商业服务出口比例不断上升。中国 2013 年运输出口占比虽高于 2000 年，但低于 2004～2012 年出口占比（2009 年金融危机除外）。具体来看，中国通信、金融、保险、版税及许可费服务、个人文化娱乐服务、政府服务等出口占比低于世界平均水平，尤其是通信、金融、保险、版税及许可费服务，总出口占比仅相当于美国的 13.41%、英国的 13.65%、德国的 25.21%、印度的 67.00%、世界的 25.82%；建筑、计算机、其他商业服务出口占比，高于世界平均水平；运输和旅游业出口占比，接近世界平均水平。

关于分部门服务贸易国际竞争力，我们采用贸易竞争力指数 TC 来衡量，该指数指某一产业或产品的净出口与其进出口总额之比，目的是用来判断该种产业或产品在世界市场上是否具备相对竞争优势，如果 TC 大于 0，即表明该产业或产品在世界市场上具有比较优势；TC 小于 0，说明其具有比较劣势。利用该指数，我们测算了 2000 年和 2013 年中国分部门服务业出口竞争力情况，如图 4 - 2 所示。

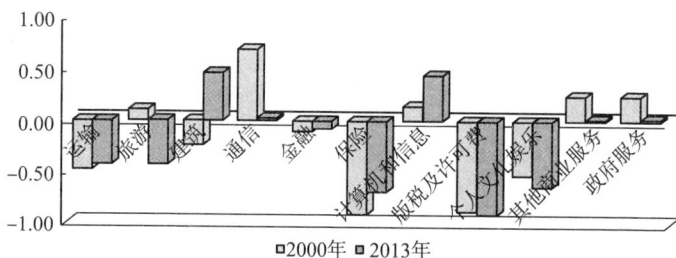

图 4 - 2 2000 年和 2013 年中国服务业分部门竞争力指数

数据来源：作者根据联合国服务贸易数据库整理而得。

就分部门竞争力来看，生产性服务业中，建筑、通信、计算机和信息服务、其他商业服务 TC 指数均大于 0，表明这些分部门服务业出口具有国际竞争力；虽然金融、保险业等生产性服务业 TC 指数小于 0，但 2013 年与 2000 年相比，TC 指数均有所增加，表明中国金融和保险业出口竞争力不断增强。消费性服务业中，旅游业 TC 指数由 2000 年的 0.11 减少到 2013 年的 - 0.43，由出口竞争优势转变为出口竞争劣势，个人文化娱乐服务 TC 指数也由 2000 年的 - 0.54 降低到 2013 年的 - 0.65，这主要是因为近年来随着人均收入水平的不断提高，公共生活基础设施建设不断完善，人们对旅游、文化娱乐生活需求不断增加，出境旅游人数不断增加。

通过以上对中国服务贸易出口的现状分析可以发现，中国服务贸易出口具有以下特征：第一，从服务贸易发展整体水平来看，中国服务贸易出口规模不断扩大，出口增速迅猛，已成为世界第五大服务贸易出口国；第二，从服务贸易出口发展趋势来看，中国生产性服务业增长迅速，已成为服务贸易的主导产业。第三，从服务贸易出口结构来看，运输、旅游等传统服务业仍然占据主导地位，金融、保险、计算机和信息服务等技术知识密集型服务业出口占比虽然上升较快，但与传统服务业相比，仍有不小差距。第四，从服务贸易出口竞争力来看，建筑、通信、计算机和信息服务、金融、保险、其他商业服务等生产性服务业出口竞争力不断增强，而旅游、个人文化娱乐服务出口竞争力不断减弱，中国服务贸易出口结构不断优化。

探究中国服务业快速发展的原因，我们认为，自"十一五"以来，服务业进入快速增长的动因包括，个人消费需求提高、制造业转型升级、服务业体制改革与扩大市场开放、城镇化进程加快等（裴长洪，2010），这种本地市场需求持续扩大和规模经济效应正是过去十余年中国服务出口优势的新动力源泉。例如，中国总体已进入中等收入水平的发展阶段，随着收入水平的不断提高，服务消费的收入弹性有较大幅度上升，对一些现代消费性服务产品的消费会明显增加（江小涓，李辉，2004），服务产品差异性也不断增强。又如，推动制造业转型升级的动力在本质上是技术进步和市场分工深化，技术进步能够推动制造业的产品生产流程在全球范围内扩散，为生产性服务业提供广阔的需求市场;[①] 而分工深化和扩展能够创造大量的服务外包市场，包括专业服务业、营销服务业和技术服务业等，这有利于提高生产性服务企业的竞争力（姚战琪，2010）。再如，2000～2014 年中国常住人口城镇化率由 36.22% 提高至 54.77%，城镇化率年均提高 3.00%。城镇化的快速推进，意味着巨大的生产性服务、公共服务和个人消费服务市场空

---

① 巴格瓦蒂（Bhagwati，1984）先提出生产性服务贸易发展的机理在于，制造业产业链全球布局条件下，无形的服务投入也随之全球化。另外，从发达国家的经验来看，在制造业转型升级过程中，出于全球化不断加剧的竞争压力，为提高效率和降低成本，企业将部分原先由内部提供的服务转向从外部购买。这两个方面是导致知识密集型生产性服务快速发展和生产性服务贸易迅速扩张的原因。

间的形成，并且，城市的外部性经济驱动那些具有竞争优势的服务产业在全球范围内优化资源配置，形成出口市场优势（裴长洪，李程骅，2010）。此外，王恕立和胡宗彪（2012）的相关实证研究表明，中国服务业 TFP 增长的主导因素中，除技术进步外，技术效率改进已开始由以纯技术效率为主转向以规模效率为主，而且，生产性服务业全要素生产率的增长速度要快于消费性服务业。

4.2　模型构建

由前文经典理论模型的推导得到，本国服务业 i 与外国服务业 i 的相对出口与相对市场规模之间具有正相关关系，表示如下：

$$\frac{\partial(EX_i/EX_i^*)}{\partial(S_i/S_i^*)} = \frac{1-\tau^{2-2\sigma}}{[1-(S_i/S_i^*)\tau^{1-\sigma}]^2} > 1, \quad (S_i/S_i^* > 1)$$

韦德（Weder，2003）建立了相对出口与相对市场规模的线性模型，采用英国、美国两国制造业对其他国家的相对出口与相对市场规模数据，验证了本地市场效应的存在。该文构建模型如下：

$$\frac{EX_i}{EX_i^*} = \beta_0 + \beta_1 \frac{S_i}{S_i^*} + \xi_i$$

根据理论模型，当服务业相对出口对相对市场规模的偏导值大于 1 时，即当 β_1 显著大于 1 时，本地市场效应存在。该模型建立的前提基础，是两国间具有相同的要素禀赋，然而现实中并非如此。古典贸易理论与新古典贸易理论认为，要素禀赋的差异是比较优势产生的重要来源，而比较优势是国际贸易的基础；新贸易理论认为，规模经济也是决定国家间贸易的重要影响因素。戴维斯和韦恩斯坦（Davis，Weinstein，1996）首次将 H－O 模型和克鲁格曼

（Krugman，1980）核心模型相互融合，把比较优势和本地市场效应分离出来，认为在比较优势模型中，对某种产品的超常需求导致进口，而在本地市场效应存在下，对某种产品的超常需求将导致出口。

借鉴舒马赫和西尔弗斯通（Schumacher，Siliverstovs，2006），该文在贝格施特兰德（Bergstrand，1990）垄断竞争和规模报酬递增基础上构建引力模型，通过比较产业的相对出口与相对市场规模的弹性大小来检验本地市场效应是否存在，国内许多学者借鉴了这种做法，检验了中国制造业本地市场效应的存在性（张帆，潘佐红，2006；江小涓，2007；邱斌，尹威，2010；许统生，涂远芬，2010；佟家栋，刘竹青，2012 等）。由于引力模型中各变量均采用对数形式，则变量间的关系表现为弹性，则进一步转化为弹性的形式，当服务业相对出口规模对相对市场规模的弹性大于 0 时，存在本地市场效应。模型构建如下：

$$\ln EX_{ijt}^a = \gamma_0^a + \gamma_1^a \ln Y_{it} + \gamma_2^a \ln c_{it} + \gamma_3^a \ln Y_{jt} + \gamma_4^a \ln c_{jt}$$

$$+ \gamma_5^a \ln D_{ijt} + \sum_{m=0}^{M} Z_{mijt} + \xi_{it} \qquad (4.2.1)$$

其中，EX_{ijt}^a 代表 t 期 i 国对 j 国服务业 a 的出口额，Y_{it}（Y_{jt}）代表 t 期出口国 i（进口国 j）的供给能力，即市场规模，用 GDP 来衡量；c_{it}（c_{jt}）为 t 期 i 国（j 国）的要素禀赋状况，即比较优势，用资本与劳动比来衡量；D_{ijt} 为 i 国与 j 国间的距离，Z_{mijt} 是虚拟变量，用来衡量双边贸易中由于政策、语言、历史等因素对双边贸易的影响，ξ_{it} 为扰动项。

由于 t 期 i 国对 j 国服务业 a 的进口额（IM_{ijt}^a）实际上就是 t 期 j 国对 i 国服务业 a 的出口额（EX_{jit}^a），所以：

$$\ln IM_{ijt}^a = \ln EX_{jit}^a = \gamma_0^a + \gamma_1^a \ln Y_{jt} + \gamma_2^a \ln c_{jt} + \gamma_3^a \ln Y_{it}$$

$$+ \gamma_4^a \ln c_{it} + \gamma_5^a \ln D_{jit} + \sum_{k=0}^{K} Z_{kjit} + \xi_{jt} \qquad (4.2.2)$$

由于在双边贸易中，$D_{ijt} = D_{jit}$，$Z_{mijt} = Z_{mjit}$，因而式（4.2.1）

和式（4.2.2）可以整理如下：

$$\ln EX_{ijt}^{a} - \ln EX_{jit}^{a} = (\gamma_1^a - \gamma_3^a)(\ln Y_{it} - \ln Y_{jt}) + (\gamma_2^a - \gamma_4^a)(\ln c_{jt} - \ln c_{it}) + v_{ijt}$$

(4.2.3)

进一步，有：

$$\ln(EX_{ijt}^a / EX_{jit}^a) = (\gamma_1^a - \gamma_3^a)\ln(Y_{it}/Y_{jt}) + (\gamma_2^a - \gamma_4^a)\ln(c_{it}/c_{jt}) + v_{ijt}$$

(4.2.4)

令 $EX_{ijt}^a / EX_{jit}^a = re\_ex$，$Y_{it}/Y_{jt} = re\_gdp$，$c_{it}/c_{jt} = re\_k$，则式（4.2.4）中，$re\_ex$、$re\_gdp$、$re\_k$ 分别表示 i 国与 j 国相对出口比率、市场规模比率、资本劳动比率，表明双边相对出口取决于双边相对需求规模和相对要素禀赋。γ_1^a、γ_3^a 分别表示，出口国 i 国相对于进口国 j 国出口的收入弹性和进口收入弹性。当两国具有相同的要素禀赋时，$\gamma_1^a - \gamma_3^a$ 大于 0 表示双边贸易额由相对需求规模决定，本地市场效应存在；当两国具有相同的需求规模时，双边贸易额则由相对要素禀赋决定。

舒马赫和西尔弗斯通（Schumacher, Siliverstovs, 2006）通过引入政策虚拟变量来考察贸易成本对出口的影响，假设双边贸易中政策、语言、历史等因素相同，然而现实中双边贸易条件往往不对称。如 CEPA 框架下内地对香港单方面开放服务业市场，并且已签署的主体文件和十一个补充协议，表明内地对香港开放服务业是逐渐加深和扩展的，每年都有变化，而不是简单的一次性到位的开放。因而，式（4.2.1）和式（4.2.2）中的 Z_{mijt} 与 Z_{mjit} 不相同，而且仅仅将 Z_{mijt} 与 Z_{mjit} 作为虚拟变量也不准确，D_{ijt} 和 Z_{mijt} 两者均可以认为是衡量贸易成本的因素。因此，本章引入服务贸易自由化指标 lib，来分析服务贸易开放度提高是否可以作为"加速器"来促进本地市场效应的发挥。由于式（4.2.1）和式（4.2.2）中 γ_0^a 不一定相同，相减不一定抵消，故保留常数项。$\gamma_2^a - \gamma_4^a$ 越大，表明 i 国对 j 国的出口中，相对于劳动力要素禀赋，资本要素对出口贡献越大。进一步，令 $\gamma_1^a - \gamma_3^a = \beta_1$，$\gamma_2^a - \gamma_4^a = \beta_2$，不考虑贸易自由化时，构建模型如下：

$$\text{lnre\_ex}_{it} = \beta_0 + \beta_1 \text{lnre\_gdp}_{it} + \beta_2 \text{lnre\_k}_{it} + u_{it} \qquad (4.2.5)$$

考虑贸易自由化时，构建模型如下：

$$\text{lnre\_ex}_{it} = \beta_0 + \beta_1 \text{lnre\_gdp}_{it} + \beta_2 \text{lnre\_k}_{it} + \beta_3 \text{lnre\_lib}_{it} + u_{it}$$

$$(4.2.6)$$

进一步，在研究本地市场效应是否存在的基础上，我们引入相对贸易自由化与相对市场规模的交互项 lnre_gdplib，来研究贸易自由化与市场规模的共同作用。如果交互项系数显著为正，表明贸易开放度的提高对本地市场效应具有加强作用。具体的计量模型设定如下：

$$\text{lnre\_ex}_{it} = \beta_0 + \beta_1 \text{lnre\_gdp}_{it} + \beta_2 \text{lnre\_k}_{it} + \beta_3 \text{lnre\_gdplib}_{it} + u_{it}$$

$$(4.2.7)$$

4.3　变量说明与数据来源

4.3.1　样本选择

为了从实证分析中验证模型结论，本章选取 2000～2013 年中国与 41 个国家和地区[①] 11 个服务业细分行业的双边贸易非平衡面板数据进行经验检验。这些国家或地区涵盖了中国的主要服务贸易伙伴，样本期内与中国的服务贸易占中国服务贸易总额的 95.72%。因此，上述样本选择具有代表性，这有助于得到相对科学的结论。

---

① 41 个国家和地区包括，美国、日本、中国香港、韩国、法国、德国、英国、意大利、澳大利亚、奥地利、瑞典、西班牙、白俄罗斯、加拿大、比利时、智利、克罗地亚、塞浦路斯、捷克、丹麦、爱沙尼亚、芬兰、希腊、匈牙利、冰岛、爱尔兰、拉脱维亚、立陶宛、卢森堡、马耳他、荷兰、新西兰、挪威、波兰、葡萄牙、罗马尼亚、俄罗斯、塞尔维亚、新加坡、斯洛伐克和斯洛文尼亚。

4.3.2 变量说明与数据来源

1. 被解释变量

lnre_ex：中国和服务贸易伙伴国或地区的相对出口。中国与41个国家和地区的双边整体与分行业服务贸易数据来自联合国服务贸易数据库（United Nations Service Trade Statistics Database）与OECD统计数据库，由于进出口贸易均按现价美元测算，本章根据各贸易伙伴的进口、出口价值指数折算为以2000年为基期的实际进口与出口数据，进口与出口价值指数均来自世界发展指标数据库（WDI）。

2. 解释变量

lnre_gdp：相对市场规模。各国（地区）市场规模均采用以2000年为基期的GDP来衡量。[①] 数据来源于WDI数据库。

lnre_k：相对要素禀赋。要素禀赋采用各国实际资本存量与劳动力总人数的比值来衡量。关于资本存量的核算，采用目前通行的永续盘存法，公式表示为 $K_t = (1 - \delta_t)K_{t-1} + I_t$。其中，$K_t$ 为 t 年实际资本存量，K_{t-1} 为 t−1 年的实际资本存量，δ_t 为 t 年固定资产折旧率，I_t 为 t 年投资。关于 I_t，借鉴杨（Young, 2003）、张军等（2004）的做法，采用2000年为基期的固定资本形成总额来衡量当年投资。对于基期资本存量的计算，借鉴世界投入产出 WIOD 数据

[①] 在有关本地市场效应实证研究的文献中，本地市场规模有时使用产业总产值（邱斌，尹威，2010）或行业产出（范剑勇，谢强强，2010）来衡量。本书认为，服务业是经济的黏合剂，是便于一切经济交易的产业。本地市场规模不仅仅取决于服务业本身的产出，更取决于整体经济部门对服务业的需求。因此，使用GDP作为衡量本地市场规模大小更为合适。

库的处理方法，$K_0 = I_0 / (g + \delta)$，I_0 为 2000 年固定资本形成总额，g 为 2000~2013 年 GDP 增长率（王恕立，胡宗彪，2012）；吴（Wu，2009）、王恕立等（2014）在测算中国服务业资本存量时，采用4%的折旧率，本章 δ 也取4%。固定资本形成总额、总劳动力人数均来自 WDI 数据库。

lnre_lib：相对贸易自由化程度。服务业市场准入和各类边境内壁垒是影响服务贸易的主要因素。一般来说，一国服务业开放程度越高，其服务贸易自由化程度也越高。

关于贸易自由化程度的测度，学术界普遍采用全球经济自由度指数来衡量。20 世纪 90 年代以来，国际上多家机构对世界各国经济自由化程度进行了测度，其中，最有影响的有美国传统基金会与《华尔街日报》发布的经济自由度指数（index of economic freedom）以及加拿大弗雷泽研究所公布的全球经济自由度指数（economic freedom of the world）。传统基金会从贸易政策、财政负担、政府的经济干预、货币政策、资本流动及外资政策、银行和金融、工资及价格管制、产权、规制、黑市等 10 个分项打出 0~100 的分数，该指数最大值为 100，表示最高自由度，最小值为 0，表示最低自由度，程大中（2008）采用该指标研究了中美服务业部门产业内贸易及其影响因素；加拿大弗雷泽研究所从政府规模、贸易政策和信贷规则、货币政策、法律结构与产权保护、劳动力与商业管制等 5 个方面测算经济自由度，采用相应的公式计算各项指标的分值来进行测度和评估，每项指标值域介于 0~10 之间，值越大说明一国制度环境越宽松，自由化程度越高。

张曙光和赵农（2000）对这两个指标做了比较分析，两指标的基本逻辑关系是一致的，都遵循了从分项指标到综合指数的整合过程，可以将大量影响经济自由化的因素作为分析对象，比较充分地反映了经济自由化程度的丰富内涵；但是，从经济自由的界定来看，传统基金会将经济自由化定义为"对于政府在生产、分配、消费等方面管制的消除"，弗雷泽研究所认为，经济自由的核心内容是个人选择、私有财产保护以及交换的自由，前者定义相对狭窄，后者定义相对较宽；从测度内容来看，传统基金会侧重考察经济自由的"投入"，即影响原因，弗雷泽研究所则侧重考察经济自由的"产出"，即其结果对经济变动的解释，此外，弗雷泽研究所也加强了对经济自由化"投入"方面的测度，不过，比传统基金相对较窄；从测量方法来看，传统基金会采用同一的"打分法"测度指标，弗雷泽研究所对不同性质的指标采用了不同的计算公式，在权数设计上比较精细，更加合理。

因此，本章选择采用加拿大弗雷泽研究所每年公布的全球经济自由度指数（Economic Freedom of the World）[①] 来衡量贸易自由化指标。基穆拉和李（Kimura，Lee，2006）曾采用该指标衡量服务贸易的自由化程度，唐海燕和张会清（2009）也采用该指标衡量一国的制度环境。EFW 指数来自加拿大弗雷泽研究所数据库。

4.4　实证结果与分析

实证分析分三个步骤进行：第一，利用中国与 41 个主要贸易伙伴双边整体服务贸易数据，采用双向固定效应从静态层面和动态层面来检验经典模型下中国整体服务业的本地市场效应的存在性，并检验贸易自由化是否有助于强化本地市场效应的发挥；第二，根

---

　　① EFW 指数用 42 个不同的细分指标，较为全面地测算了世界上 141 个国家 1970 年、1975 年、1980 年、1985 年、1990 年、1995 年、2000～2012 年经济自由度指数，由于实证部分采用 2000～2013 年数据，则 2013 年数据根据各国数据趋势采用 2010～2012 年移动平均法补全。

据服务业功能分类方法，[①] 检验中国生产性服务业和消费性服务业本地市场效应的存在与否；最后，通过更换贸易自由化指标测度和样本来进行稳健性检验。

在实证分析之前，我们首先通过散点图来分析相对市场规模与相对出口之间的关系。图4-3~图4-5分别为2000~2013年中国对41个贸易伙伴整体服务业、生产性服务业与消费性服务业的相对出口与相对市场规模关系图。其中，图4-3、图4-4、图4-5的纵坐标分别为中国整体服务业、生产性服务业、消费性服务业相对出口的对数值（lnre_ex），横坐标均为相对市场规模的对数值（lnre_gdp），拟合线为相对出口对相对市场规模的回归线。

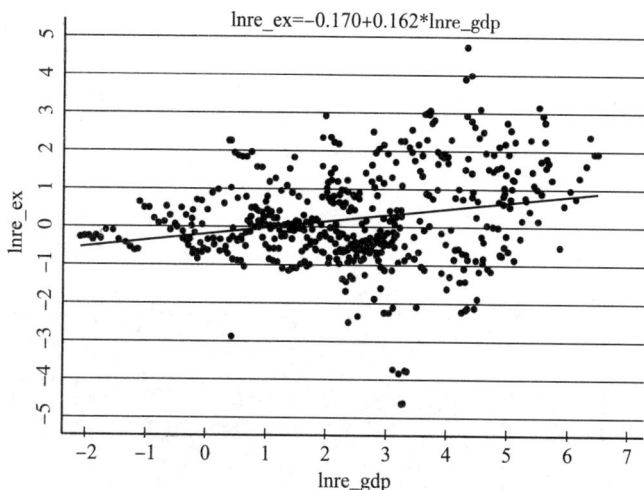

$$lnre\_ex = -0.170 + 0.162 * lnre\_gdp$$

图4-3　中国整体服务业相对出口与相对市场规模关系

资料来源：作者根据Stata 13.1软件和联合国贸发会议数据库数据整理而得。

---

① 目前，学术界对生产性服务业和消费性服务业的分类还没有统一的标准，不同的分类有可能得到不同的结果。借鉴王恕立和胡宗彪（2012）的分类方法，将运输、建筑、计算机和信息服务、通信、金融、保险、版税及许可费服务、其他商业服务归为生产性服务业，将旅游、个人文化和娱乐服务以及别处未提及的政府服务归为消费性服务业。

lnre_ex=-0.213+0.196*lnre_gdp

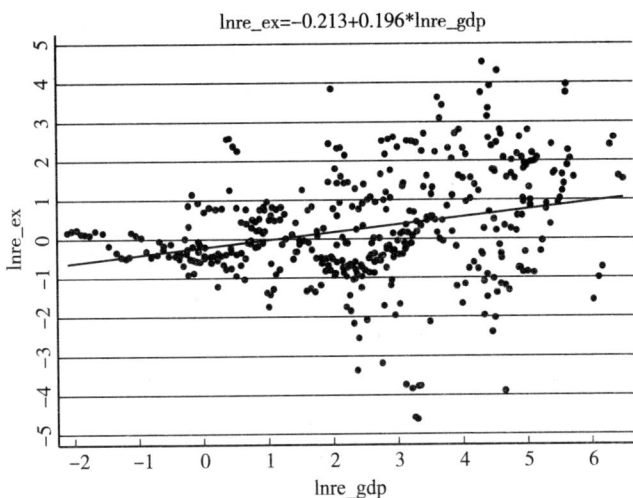

图 4 - 4   中国生产性服务业相对出口与相对市场规模关系

资料来源：作者根据 Stata 13.1 软件和联合国贸发会议数据库数据整理而得。

lner_ex=-0.216+0.033*lnre_gdp

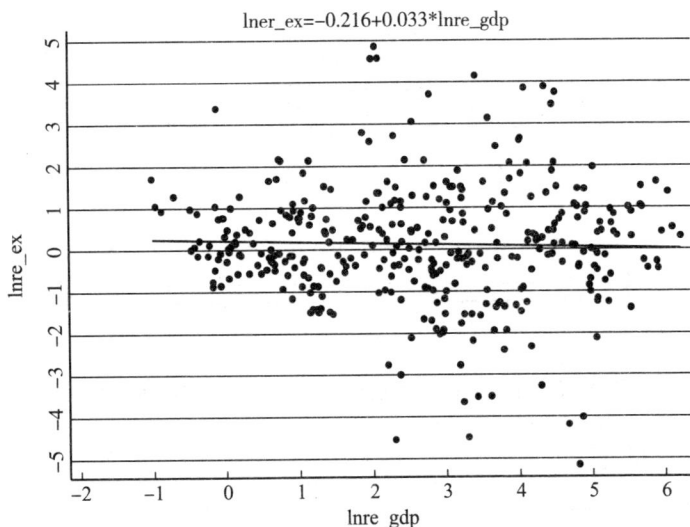

图 4 - 5   中国消费性服务业相对出口与相对市场规模关系

资料来源：作者根据 Stata 13.1 软件和联合国贸发会议数据库数据整理而得。

由图 4-3~图 4-5 可知，相对市场规模与整体服务业、生产性服务业相对出口呈正相关关系，表明相对市场规模越大，越有利于促进整体服务业尤其是生产性服务业相对出口增加；而相对市场规模与消费性服务业相对出口呈负相关关系，表明市场规模扩大并没有促进消费性服务业的出口。后文将通过实证进一步检验服务业出口本地市场效应的存在性。

4.4.1　经典模型下中国整体服务业出口的本地市场效应检验

1. 静态面板的实证分析

利用式（4.2.5）、式（4.2.6）和式（4.2.7）对经典模型下中国整体服务业出口的本地市场效应进行检验，估计结果见表 4-4。表 4-4 中的模型（1）采用混合 OLS 回归；表 4-4 中的模型（2）采用双向固定效应回归，分别对个体固定、时间固定、双向固定检验发现，个体、时间变量均显著，对固定效应与随机效应做稳健 Hausman 检验，得出统计量对应 $P = 0.0000$，小于 0.05，表明解释变量与扰动项相关，此时，固定效应参数估计是一致估计，回归结果显示双向固定效应回归系数并没有发生显著变化，且调整 R^2 远大于混合 OLS 回归，表明模型拟合更好，故采用双向固定效应模型；进一步检验模型发现存在截面相关、截面异方差与序列相关问题。[1] 表 4-4 中的模型（3）~模型（6）是在考虑上述截面相关、异方差与序列相关的情况下，采用 Driscoll 和 Kraay 方法估计，并通过 Newey-West 修正标准误。

---

　　[1]　以表 4-4 中的模型（5）采用双向固定效应为例，Pesaran CD 与 Friedman FR 检验统计量值分别为 28.90、210.02，两者对应 P 值均为 0.0000，小于 0.05，Free FRE 统计量均大于显著性水平为 0.10、0.05、0.01 对应的临界值，说明模型存在截面相关；截面异方差下，LM 检验统计量值为 81.80，对应 P 值为 0.0000，表明模型存在截面异方差；序列相关检验统计量值为 23.76，对应 P 值为 0.0003，说明模型存在序列相关问题。

表 4-4 经典模型下中国整体服务业出口静态面板估计结果

	(1) OLS	(2) FE	(3) DK	(4) DK	(5) DK	(6) DK
lnre_gdp	0.113 ***	0.220 ***	0.220 ***	0.117 ***	0.225 ***	0.230 ***
	(4.33)	(8.42)	(8.42)	(4.43)	(9.02)	(4.71)
lnre_k	0.152 *	0.240 ***	0.240 ***	0.155 *	0.259 ***	0.360 ***
	(2.00)	(3.73)	(3.73)	(2.20)	(4.24)	(4.43)
lnre_lib				0.202	0.204 *	
				(1.73)	(1.79)	
lnre_gdplib						0.308 ***
						(3.57)
常数项	0.379	0.597 *	0.597 *	0.395 *	0.636 **	0.709 **
	(1.52)	(2.16)	(2.16)	(1.78)	(2.27)	(2.52)
R^2	0.0649	0.5361	0.5361	0.0709	0.5421	0.230 ***
国家/时期	否	是	是	否	是	是
观测值数目	488	488	488	488	488	488

注：( ) 内为 t 统计量，*** 、** 、* 分别表示在 1%、5%、10% 的水平上显著。
资料来源：作者采用 Stata 13.1 软件回归而得。表 4-5 ~ 表 4-8 同。

表 4-4 的结果显示，经典模型下，中国整体服务业出口具有本地市场效应，这也与前文的理论模型结论一致。模型（1）~模型（6）中，β_1 即 lnre_gdp 的系数均大于 0，且为正显著，说明相对市场规模每增长 1%，将促进中国整体服务业相对出口增长 0.113% ~ 0.230%，表明相对市场规模的扩张对相对出口增加具有积极影响，中国整体服务业出口具有本地市场效应。杨汝岱和姚洋（2008）认为，国内市场规模越大，发展前景越好的产业其出口增速越高，本地市场效应越显著。中国服务业市场规模不断扩大，内部和外部规模经济降低了生产成本，提高了生产效率和生产的差异化，有利于促进服务业出口。

贸易自由化的提高对本地市场效应的发挥具有加速作用。引入市场规模和贸易自由化的乘积项来验证本地市场效应的促进作用大小，是否同服务贸易开放有关，模型（7）中，乘积项 lnre_gdplib 系数 β_3 显著为正，且模型（7）中 lnre_gdp 系数均大于模型（1）~模型（3）中的系数，表明贸易自由化水平提高有利于加强本地市场效应，从而促进中国整体服务业的出口。随着中国区域服务贸易自由化程度不断加深，贸易自由化过程中通过商业存在和自然人流动等方式形成的外溢效应、示范效应和竞争效应等机制，有利于提高中国服务业的人力资本水平和技术水平，进而改善中国服务贸易的竞争优势。鲍德温等（Baldwin et al.，2003）认为，区域服务贸易自由化会改变区域内外产业的空间分布，并提出双层本地市场效应的解释，即第一层本地市场效应是区域贸易协定签订后，区外产业向区内转移，形成贸易创造效应；第二层本地市场效应是区域内产业从小规模市场国家转移到大规模市场国家（钱学锋，熊平，2009）。

要素禀赋增强有利于促进服务业出口增加。lnre_k 的系数均大于 0，且为正显著，说明相对要素禀赋每增长 1%，将促进中国服务业相对出口增长 0.152% ~ 0.360%，表明资本密集度越高越有利于增加出口。比较 lnre_gdp 与 lnre_k 大小可以发现，比较优势增强对服务业出口的促进作用大于市场规模扩大的本地市场效应的促进作用，这一结论与阚大学和吕连菊（2014）相同。这一结果解释了在劳动力成本上升和物价上涨、原材料短缺等带来的生产成本上升与传统比较优势逐渐消失的背景下，以规模经济为特征的本地市场效应已成为中国服务业出口的重要动力源泉。

2. 动态面板的实证分析

服务业出口从长期来看是个动态过程，既受当前因素的影响，也与过去因素有关。因而，考虑在扩展的引力模型中加入被解释变量的滞后项，由于其作为解释变量可能与随机扰动项相关，引起内生性问题，导致估计不一致。对动态模型的估计，阿雷拉诺和邦德（Arellano，Bond，1991）提出差分 GMM 估计，但该方法容易受到弱工具变量影响，参数估计量的有限样本性质较差，也无法估计具有非时变特性的变量。后来，布伦德尔和邦德（Blundell，Bond，1998）提出系统 GMM 估计，该方法同时使用水平方程和差分方程，增加了可用的工具变量，更加充分地利用了样本信息，降低了小样本误差，大大提高了估计结果的有效性和一致性，且可包含非时变变量，适合大 N 小 T 情形，符合本章的样本特征。因此，本节进一步采用系统 GMM 方法再次估计和检验，结果见表 4－5。

表 4－5　　　　经典模型下中国整体服务业出口动态面板估计结果

	(1)	(2)	(3)	(4)	(5)	(6)
L. lnre_ex	0.495 ***	0.494 ***	0.432 ***	0.447 ***	0.420 ***	0.388 ***
	(23.33)	(23.35)	(77.91)	(20.14)	(17.65)	(14.24)
lnre_gdp	0.296 ***	0.298 ***	0.387 ***	0.423 ***	0.506 ***	0.544 ***
	(11.07)	(11.60)	(27.02)	(8.85)	(9.69)	(8.72)
lnre_k	1.617 ***	1.456 ***	1.005 ***	3.132 ***	1.660 *	1.756 *
	(3.21)	(3.03)	(4.81)	(2.95)	(1.79)	(1.81)
lnre_lib		0.042 **				0.122 **
		(2.02)				(2.39)
lnre_gdplib			0.023 *	0.350 ***		
			(1.64)	(3.30)		
常数项	－ 0.690 ***	－ 0.681 ***	－ 0.906 ***	－ 1.239 ***	－ 1.309 ***	－ 1.019 ***
	（ － 7.89）	（ － 7.80）	（ － 10.51）	（ － 6.57）	（ － 6.24）	（ － 4.98）
Hansen Test	28.87	28.46	36.22	26.09	25.90	23.03
	[0.1848]	[0.1988]	[0.3209]	[0.2029]	[0.3055]	[0.4003]
AR (1) Test	0.0221	0.0196	0.0271	0.0282	0.0182	0.0139
AR (2) Test	0.8502	0.7322	0.7825	0.8859	0.5513	0.5012
国家/年份	否	否	否	是	是	是
观测值数目	488	488	488	488	488	488

注：（ ）内为 t 统计量，［ ］内为检验统计量的 P 值，*** 、** 、* 分别表示在 1% 、5% 、10% 的水平上显著。

由表4－5可知，模型（1）～模型（6）中的 Hansen 过度识别约束检验均不拒绝原假设，说明所有工具变量均有效；Arellano － Bond 差分后的 AR（1）检验均拒绝原假设，而 AR（2）检验均不拒绝原假设，说明差分后的残差存在一阶自相关，但不存在二阶自相关，表明模型设定合理。滞后一期相对出口在5%水平下显著为正，表明服务业相对出口表现出明显的惯性特征。

动态模型下，中国整体服务业出口具有本地市场效应。模型（1）～模型（6）中，lnre_gdp 的系数均呈正显著，说明相对市场规模每增长1%，将促进中国整体服务业相对出口增长0.296%～0.544%。贸易自由化具有强化服务业本地市场效应的作用。比较模型（3）与模型（1），模型（6）与模型（4）可知，考虑贸易自由化与市场规模的交互项 lnre_gdplib 时，lnre_gdp 的系数均有显著提高。同样，模型（1）～模型（6）中，相对要素禀赋 lnre_k 的系数均大于 lnre_gdp 的系数，表明比较优势增强有利于促进中国服务业的出口，且比较优势的促进作用大于本地市场效应。

4.4.2　经典模型下中国分类型服务业出口的本地市场效应检验

上文从宏观层面分析发现，经典模型下中国整体服务业出口具有本地市场效应，那么，在分类型的中观层面，生产性服务业与消费性服务业是否具有差异呢？接下来，我们将对此进行分析。

对不同类型服务行业出口的本地市场效应的检验结果，如表4－6所示。模型（1）～模型（6）采用系统 GMM 方法分析生产性服务业和消费性服务业的本地市场效应，各模型中，Hansen 过度识别约束检验均不拒绝原假设，表明所有工具变量均有效；Arellano － Bond 差分后的 AR（1）检验均拒绝原假设，而 AR（2）检验均不拒绝原假设，表明差分后的残差存在一阶自相关，但不存在二阶自相关，表明模型设定合理。估计结果显示，生产性服务业和消费性服务业相对出口的滞后一期系数均呈正向显著，表明生产性服务业和消费性服务业相对出口表现出明显的惯性特征。

表 4 – 6　经典模型下中国分类型服务业出口的本地市场效应检验

	生产性服务业			消费性服务业		
	(1)	(2)	(3)	(4)	(5)	(6)
L. lnre_ex	0.295 ***	0.295 ***	0.301 ***	0.391 ***	0.384 ***	0.388 ***
	(20.15)	(17.72)	(18.32)	(81.31)	(75.19)	(72.43)
lnre_gdp	0.441 ***	0.449 ***	0.442 ***	−0.111 ***	−0.090 ***	−0.065 ***
	(7.16)	(10.63)	(10.17)	(−4.17)	(−3.89)	(−3.83)
lnre_k	4.033 **	3.275 ***	3.136 **	−0.455 ***	−0.375 ***	−0.428 ***
	(2.36)	(2.69)	(2.55)	(−7.54)	(−6.65)	(−7.05)
lnre_lib		0.176 **			0.131 ***	
		(3.11)			(4.28)	
lnre_gdplib			0.070 *			0.072 **
			(1.79)			(2.75)
常数项	−1.175 ***	−1.061 ***	−1.051 ***	−0.995 ***	−0.811 ***	−1.011 ***
	(−3.33)	(−5.18)	(−4.96)	(−4.15)	(−3.81)	(−4.75)
Hansen Test	23.60	20.60	22.12	31.47	30.90	31.17
	[0.3683]	[0.5456]	[0.4528]	[0.5923]	[0.6203]	[0.6070]
AR（1）Test	0.0114	0.0135	0.0135	0.0313	0.0289	0.0275
AR（2）Test	0.9565	0.9575	0.9975	0.9688	0.9362	0.8767
国家/年份	是	是	是	是	是	是
观测值数目	409	409	409	381	381	381

注：( ) 内为 t 统计量，[ ] 内为检验统计量的 P 值，*** 、** 、* 分别表示在 1% 、5% 、10% 的水平上显著。

由表 4 – 6 可知，中国生产性服务业具有市场规模作用的本地市场效应，而消费性服务业不具有本地市场效应。就生产性服务业而言，lnre_gdp 系数呈正向显著相关，相对市场规模每增长 1% ，将促进生产性服务业相对出口增长 0.441% ~0.449%；就消费性服务业而言，lnre_gdp 系数呈负显著相关，相对市场规模每增长 1%，将导致消费性服务业相对出口减少 0.065% ~0.111%。这在一定程度上说明内需市场规模扩大更多地促进了生产性服务业的发展，优化了中国服务业的出口结构。

贸易自由化提升均有利于促进中国生产性服务业和消费性服务业的出口。生产性服务业和消费性服务业 lnre_lib 系数显著为正，相对贸易自由化每提高 1%，将促进生产性服务业相对出口增长 0.176%，消费性服务业相对出口增长 0.131%。服务业市场开放，有利于促使要素在国家或地区之间流动，服务业 FDI 能够改变服务生产的布局，推动产业内贸易发展。詹森和塔尔（Jensen，Tarr，2012）认为，服务业市场开放与制度变革有利于发展中国家实现本国服务业和服务贸易的"非线性飞跃"。

生产性服务业和消费性服务业相对贸易自由化与相对市场规模的交互项显著为正，表明贸易自由化对生产性服务业和消费性服务业本地市场效应的发挥均具有促进作用。就生产性服务业而言，加入交互项后，lnre_gdp 系数由 0.441 增长到 0.442；就消费性服务业而言，加入交互项后，lnre_gdp 系数由 -0.111 增长到 -0.065。可见，贸易自由化提升在不同程度上加快了生产性服务业和消费性服务业出口的增加，这也是近年来中国不断加快与其他国家或地区签署双边服务贸易协议或多边服务贸易协议的原因所在。

在比较优势方面，生产性服务业 lnre_k 系数显著为正，消费性服务业 lnre_k 系数显著为负，说明生产性服务业资本劳动比与其出口正相关，消费性服务业资本劳动比与其出口负相关，表明资本要素禀赋越富裕，越有利于促进生产性服务业出口增长，劳动力要素禀赋越丰富，越有利于促进消费性服务业出口增长。这主要是由于生产性服务业和消费性服务业的要素密集度差异导致，生产性服务业主要是资本技术密集型服务业，而消费性服务业主要是劳动密集型服务业。比较 lnre_k 系数与 lnre_gdp 系数可以发现，比较优势对服务业出口的作用均大于本地市场效应，这一结论与上文相符。

4.4.3 稳健性检验

1. 更换服务贸易自由化指标测度的稳健性检验

2001 年，中国加入 WTO 后，履行开放国内市场的各项承诺，贸易开放程度日益扩展和深化。因此，我们考虑选用 2002 年为贸易自由化的起始点，设置自由化虚拟变量（2002 年及以后年份为 1，2001 年及以前为 0），进行稳健性检验，结果如表 4 - 7 所示。

表 4 - 7　　　　更换服务贸易自由化指标测度的稳健性检验

	(1)	(2)	(3)	(4)
lnre_gdp	0. 123 ***	0. 103 **	0. 234 ***	0. 223 ***
	(3. 23)	(2. 58)	(4. 91)	(4. 58)
lnre_k	0. 207 ***	0. 246 ***	0. 418 ***	0. 353 ***
	(3. 09)	(3. 44)	(5. 18)	(4. 40)
lnre_lib	0. 642 ***		0. 992 ***	
	(2. 68)		(4. 21)	
lnre_gdplib		4. 215 **		0. 156 *
		(2. 38)		(1. 85)
常数项	0. 440 *	0. 357	0. 772 **	0. 999 **
	(1. 72)	(1. 26)	(2. 53)	(3. 27)
Adjust R^2	0. 0922	0. 0905	0. 5676	0. 5521
国家/时期	否	否	是	是
观测值数目	488	488	488	488

注：( ) 内为 t 统计量，*** 、** 、* 分别表示在 1%、5%、10% 的水平上显著。

由表 4 - 7 可知，当更换服务贸易自由化的指标测度时，中国整体服务业的本地市场效应仍然存在，且对服务业出口的作用小于比较优势的促进作用，交互项的结果也再一次印证了前文所得到的结论，进一步证实了实证研究结果的可靠性。

2. 更换样本的稳健性检验

目前，中国正着力与世界五大洲的 32 个国家或地区建设 20 个自贸区。其中，CEPA 是中国内地与中国香港两个独立关税区之间签订的第一个双边自由贸易协定，也是目前按承诺水平计算开放度最高的区域服务贸易协定，① 以此开展实证研究具有重要的政策含义。因此，我们考虑检验 1995 ~ 2012 年中国内地对香港服务出口的本地市场效应以及 CEPA 框架下服务贸易自由化对本地市场效应的影响。

自 2003 年签署以来，按照 CEPA 主体文件第二条"先易后难、逐步推进"的原则，中国内地和中国香港已完成十一个阶段的协商，协议内容也在主体文件和六个附件基础上经过了十次丰富与完善。因而，在分析内地对香港服务贸易出口的本地市场效应之前，我们首先对 CEPA 框架下内地对香港的服务贸易自由化程度进行测度，该指标采用霍克曼和布拉加（Hoekman，Braga，1997）和玛图等（Mattoo et al.，2006）提出的数量法进行统计测算。具体计算过程如下：

首先，根据商务部公布的 2003 年《内地向香港开放服务贸易的具体承诺》列表和以后各年度公布的《内地向香港开放服务贸易

---

① 服务贸易开放度的一般计算方法，是根据多边或区域承诺开放的部门比例（开放分部门占该项大部门比例）和开放程度（没有股权限制、部分限制、完全限制）综合计算获得。在服务贸易领域，中国多边（如 GATS）及区域（如各种 FTA）服务贸易协定所承诺开放的部门比例和开放程度很不一样，并且不同部门的开放度差别很大、很不平衡。目前，按承诺水平计算开放度最高的区域服务贸易协定是 CEPA（裴长洪，2014）。

的具体承诺的补充和修正》列表，将内地对香港每年开放的每个服务行业赋值为1，未开放行业赋值为0，并将各年份补充和修正的开放行业进行累计，统计得到CEPA与其补充协议中内地向香港开放服务行业的总体情况；另外，根据承诺列表中各服务行业开放措施可以统计出CEPA在各年度的开放行业和措施情况（见附录1）。可见，内地对香港开放服务行业逐年扩大或在已有开放行业和措施上呈逐年加深趋势。

其次，估算各服务部门的实际开放程度。本章采用王健（2005）的方法，根据内地向香港开放服务部门各阶段承诺列表中的条款内容，将具体承诺自由化取值限制在0~1之间，以0.1为间隔，划分为10个等级，分别为禁止进入或者不作承诺（0），发放许可证的限制（0.1），审慎性的批准标准（0.2），小于50%的外国资本建立限制（0.3），大于50%的外国资本建立限制（0.4），业务范围的部分限制（0.5），企业形式的部分限制（0.6），地域范围的部分限制（0.7），开放时间的阶段性限制（0.8），其他程度较小的限制（0.9），没有任何限制（1.0）。对于未承诺开放的部门，自由化程度记为0；对于承诺开放的部门，其承诺内容限制每符合上述等级的一项内容，就减去0.1。因此，基于承诺开放的部门和措施可以计算出相应各部门的实际开放程度。

最后，根据表计算出相应各服务部门承诺开放的行业覆盖率（开放行业占该部门所有行业的比例）和各服务部门相应的实际开放程度进行综合计算，得到内地对香港服务业各部门开放的自由化指数（见附表2）。附表2中最后两行分别是内地对香港整体服务业开放的算数平均自由化指数和加权平均自由化指数，其中，后者以内地对香港分部门服务业出口比例作为加权权重。

考虑到CEPA在2003年才签订，2003年前lib为0取对数无意义，因而可假定在160个服务行业中2003年之前只有1个行业开放，这样操作并不影响经济意义，而且对变量取对数的处理也比较得当。为避免伪回归，先对各变量进行单位根检验，发现各变量均为一阶单整序列，因此，变量间存在协整关系。对各模型回归后，利用 Breusch - Godfrey Serial Correlation LM 检验，发现扰动项存在序列相关，进一步采用 Prasi - Winsten 迭代进行 FGLS 估计，基于加权平均自由化指数，检验内地对香港服务业出口的本地市场效应，结果如表 4 - 8 所示。其中，模型（1）没有考虑服务贸易自由化的影响，模型（2）~模型（5）均考虑了服务贸易自由化的影响；模型（2）~模型（3）采用算数平均自由化指数衡量内地对香港服务业开放程度，模型（4）~模型（5）采用加权平均自由化指数衡量（见表 4 - 8）。

表 4 - 8　　　　　　　　　　更换样本的稳健性检验

	（1）	（2）	（3）	（4）	（5）
lnre_gdp	1.745 *	1.764 ***	1.820 ***	2.602 ***	2.780 *
	(1.91)	(3.69)	(7.11)	(6.24)	(2.12)
lnre_k	1.927 ***	3.847 ***	3.875 ***	3.710 ***	4.052 ***
	(4.00)	(19.69)	(59.69)	(17.97)	(4.86)
lnre_lib		1.785 ***		1.143 **	
		(3.88)		(2.29)	
lnre_gdplib			7.162 ***		6.135 ***
			(5.63)		(4.68)
常数项	-6.886 ***	-13.31 ***	-13.381 ***	-12.715 ***	-13.893 ***
	(-4.25)	(-19.78)	(-58.15)	(-18.15)	(-4.92)
Adjusted R^2	0.9656	0.9985	0.9981	0.9963	0.9990
F - statistic	225.84	3718.83	2953.29	1511.51	5083.54
Prob（F - statistic）	0.0000	0.0000	0.0000	0.0000	0.0000

注：（ ）内为标准误差；* 、** 、*** 分别表示在 10%、5%、1% 显著性水平上是显著的。

从表 4 - 8 的回归结果来看，当更换样本和服务贸易自由化指标测度时，相对市场规模与相对出口之间的正向显著关系仍然存在，表明内地对香港服务业出口存在本地市场效应；考虑贸易自由化程度后，相对市场规模的系数均有所增加，表明贸易自由化程度提高有利于加强本地市场效应；比较相对市场规模与相对要素禀赋的回归系数，仍然得到比较优势对服务业出口的促进作用大于本地市场效应。

4.5 本章小结

本章所做的工作是一项带有差异性的理论与经验研究，即研究中国服务业出口的本地市场效应及区域服务贸易自由化对本地市场效应的影响。本章的新颖之处在于，首先，是对江小涓（2008）呼吁服务全球化有关理论研究需要加强和深化的回应，以及从国际贸易的视角对裴长洪和杨志远（2012）提出的中国服务贸易快速发展深层次动因的理论解释；其次，是关注区域服务贸易自由化的影响，因为中国已签订了 20 个区域服务贸易协定，致力于扩大服务业的市场开放，中国服务业在开放中能否保持持续的竞争优势；最后，是关注服务业和服务贸易的结构调整，因为中国正致力于加快经济结构的战略性调整，而贸易转型是中国经济结构调整的重要内容，也是决定其成败的重要因素之一。长期以来，已有的关注点几乎都集中于货物贸易的转型，但完整意义上的贸易转型问题不仅包括货物贸易，还应包括服务贸易，后者对经济结构调整的重要性趋于上升。本章实证分析所得到的主要结论如下：

就整体服务业而言，中国整体服务业存在本地市场效应，且比较优势对服务业出口的促进作用大于本地市场效应。提升服务贸易自由化程度，有利于加快服务业出口，强化中国服务业出口的本地市场效应。

就生产性服务业和消费性服务业而言，生产性服务业具有本地市场效应，而消费性服务业不具有；资本要素禀赋越丰裕，越有利于促进生产性服务业出口增加，劳动要素禀赋越丰裕，越有利于促进消费性服务业的出口；无论是生产性服务业还是消费性服务业，贸易自由化提升都有利于促进其出口增加。

基于非位似偏好的
本地市场效应研究

5.1 模型构建

理论模型拓展—基于非位似偏好视角对服务业本地市场效应进行分解，并从需求规模和需求结构两个层面来综合分析本地市场效应，在一定程度上弥补了经典模型中仅从需求规模单一视角的分析。为了保证研究的规范性，我们尝试构建与理论模型相匹配的实证模型。在构建模型之前，我们先就非位似偏好的相关理论基础进行分析。

5.1.1 理论基础

传统贸易理论从供给角度来解释对外贸易，比如，资源禀赋、生产率和技术水平差异等，均假设位似偏好；而从需求角度来解释对外贸易，非位似偏好是一个重要假设。在位似一致偏好假设下，当收入按任意的比例递增或递减时，需求束也会按相同的比例递增或递减，如图5－1所示，位似偏好的收入扩展线OO'是一条向右上方倾斜的直线，X和Y均是正常品。然而，在现实生活中并非如此。由于人们对不同类型产品的需求偏好不同，收入的增加比例并不会带来需求同等比例的增加，如图5－2所示，即非位似偏好，其收入扩展线呈凸状，是一条向右上方弯曲的曲线，其中，X为必需品，Y为奢侈品。随着消费者收入水平的不断提高，对奢侈品消费的比例会增加。AB为代表性消费者的个人收入水平预算线，我们考虑在全国范围内，当个体消费者收入水平相同时，消费支出位于E点；当收入重新分配时，消费者会更偏好消费奢侈品，消费支出将沿着AB线向左上方移动，消费者对X和Y的消费将由收入水平和收入分布共同决定。极端情况下，假定消费者收入介于C和D之间，则此时消费者的消费支出点将位于图5－2的阴影部分。然而，在位似偏好下，由于消费结构不变，消费支出点不发生位移。综上可知，在非位似偏好下，一国的需求结构不仅取决于一国的平均收入水平，还与收入在个体间的分配情况有关。

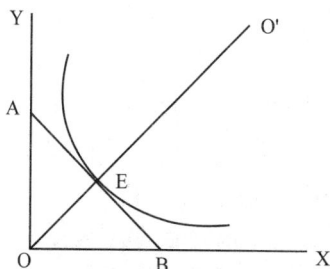

图5－1　位似偏好

资料来源：作者根据位似偏好与非位似偏好特征整理而得。

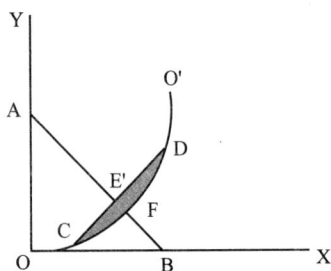

图 5 – 2 非位似偏好

资料来源：作者根据位似偏好与非位似偏好特征整理而得。

5.1.2 模型设定

本节考虑在达林等（Dalgin et al.，2008）和费根鲍姆等（Fajgelbaum et al.，2011）等的基础上，将非位似偏好纳入引力模型，验证非位似偏好下本地市场效应的存在性。

假定一国有 n 个消费者，分别消费两种产品 X 和 Y：传统产品和服务品。其中，传统产品为必需品，而服务品为奢侈品。在位似偏好下，消费结构不变，总需求函数为：

$$D_Y = D(P, I) \tag{5.1.1}$$

其中，P 为服务品与传统产品的相对价格，I 为总收入。然而，在非位似偏好下，随着个体消费者收入水平的变化，其消费结构也会发生变化，则总需求函数不再是总收入的函数，而是每个消费者根据收入和需求结构所消费的数量加总，此时，总需求函数变为：

$$D_Y = D(P, I_1, \cdots, I_n) \tag{5.1.2}$$

其中，I_i 为第 i 个消费者的个体收入。

由于我们无法获取每个消费者的收入水平，因而考虑采用收入分布的各阶矩参数 ineq 来近似替代，则服务品的总需求函数为：

$$D_Y = D(P, I, I/n, ineq) \tag{5.1.3}$$

其中，ineq 表示收入分布的离散程度，用来衡量收入分配不平等程度；$\dfrac{I}{n}$ 为人均收入水平。

我们令 EX_i、EY_i 分别为 i 国对全世界出口的传统产品和服务品，EX_{ij}、EY_{ij} 分别表示 i 国对 j 国出口的传统产品和服务品，θ_{Xi}、θ_{Yi} 分别表示 i 国传统产品和服务品产出占 GDP 的比重；ϕ_{Xj}、ϕ_{Yj} 分别表示 j 国在传统产品和服务品上的消费支出占全世界在该产品上的支出比例。在非位似偏好基础上，以服务品为例，对引力模型修正如下：

$$\ln EY_{ij} = \ln\theta_{Yi} + \ln\phi_{Yj} + \ln GDP_i$$
$$\theta_{Yi} = f(P, \; GDP_i, \; GDPPC_i, \; ineq_i)$$
$$\phi_{Yj} = g(P, \; GDP_j, \; GDP_j/GDP_w, \; GDPPC_j, \; ineq_j, \; ineq_w)$$

$$(5.1.4)$$

其中，GDP_i、GDP_j、GDP_w 分别为 i 国、j 国与全世界的 GDP，$GDPPC_i$、$GDPPC_j$ 分别为 i 国与 j 国的人均 GDP，$ineq_i$、$ineq_j$、$ineq_w$ 分别为 i 国、j 国与全世界的收入分配不平等程度度量指标。f、g 函数可以近似为一个可分的对数线性函数，则式（5.1.4）中的后面两式可以变换为：

$$\ln\theta_{Yi} = \alpha_0 + \alpha_1\ln P + \alpha_2\ln GDP_i + \alpha_3\ln GDPPC_i + \alpha_4\ln ineq_i$$
$$\ln\phi_{Yj} = \gamma_0 + \gamma_1\ln P + \gamma_2\ln GDP_j + \gamma_3\ln(GDP_j/GDP_w) + \gamma_4\ln GDPPC_j$$
$$+ \gamma_5\ln ineq_j + \gamma_6\ln ineq_w$$

$$(5.1.5)$$

关于价格 P 我们认为可以理解为服务品单价和价格指数的函数，产品单价包含在国家固定效应中；对于价格指数而言，借鉴费根鲍姆等（Fajgelbaum et al.，2011）、张亚斌等（2012）的做法，假定全世界价格指数相同，因而价格指数可以包含在时间固定效应中。同样，GDP_w、$ineq_w$ 对世界各国都是相同的，我们也将其放入时间固定效应模型中。将式（5.1.5）代入式（5.1.4）中第一个公式，可得：

$$\ln EY_{ijt} = r_0 + r_1\ln GDP_{it} + r_2\ln GDP_{jt} + r_3\ln GDPPC_{it} + r_4\ln GDPPC_{jt}$$

$$r_5 \text{lnineq}_{it} + r_6 \text{lnineq}_{jt} + \gamma_i + \text{year}_t + \xi_{it} \tag{5.1.6}$$

其中，γ_i、year_t 分别表示时间、国家固定效应，ξ_{it} 为扰动项。

由于 t 期 i 国对 j 国服务业的进口额（IMY_{ijt}）实际上就是 t 期 j 国对 i 国服务业的出口额（EY_{jit}），所以：

$$\text{IMY}_{ijt} = \text{lnEY}_{jit} = r_0 + r_1 \text{lnGDP}_{jt} + r_2 \text{lnGDP}_{it} + r_3 \text{lnGDPPC}_{jt} + r_4 \text{lnGDPPC}_{it}$$
$$r_5 \text{lnineq}_{jt} + r_6 \text{lnineq}_{it} + \gamma_i + \text{year}_t + \zeta_{it} \tag{5.1.7}$$

用式（5.1.6）减去式（5.1.7），得到相对于 j 国而言，i 国 t 期服务业 a 的相对出口的对数表达式，由于式（5.1.6）和式（5.1.7）中的 r_0 不一定相同，相减不一定会抵消，因此保留常数项。令 β_0、u_{it} 为式（5.1.6）减式（5.1.7）中常数项、扰动项之差，整理得：

$$\ln(\text{EY}_{ijt}/\text{EY}_{jit}) = \beta_0 + (r_1 - r_2)\ln(\text{GDP}_{it}/\text{GDP}_{jt})$$
$$+ (r_3 - r_4)\ln(\text{GDPPC}_{it}/\text{GDPPC}_{jt})$$
$$+ (r_5 - r_6)\ln(\text{ineq}_{it}/\text{lnineq}_{jt}) + \gamma_i + \text{year}_t + u_{it}$$
$$\tag{5.1.8}$$

令 $r_1 - r_2 = \beta_1$，$r_3 - r_4 = \beta_2$，$r_5 - r_6 = \beta_3$，$\text{GDPPC}_{it}/\text{GDPPC}_{jt} = \text{re\_gdppc}_{it}$，$\text{EY}_{ijt}/\text{EY}_{jit} = \text{re\_ex}_{it}$，$\text{GDP}_{it}/\text{GDP}_{jt} = \text{re\_gdp}_{it}$，$\text{ineq}_{it}/\text{ineq}_{jt} = \text{re\_ineq}_{it}$

则进一步整理得计量模型如下：

$$\text{lnre\_ex}_{it} = \beta_0 + \beta_1 \text{lnre\_gdp}_{it} + \beta_2 \text{lnre\_gdppc}_{it} + \beta_3 \text{lnre\_ineq}_{it} + u_{it}$$
$$\tag{5.1.9}$$

在非位似偏好假定下，收入分布的差异会直接影响需求偏好与结构，因而可以将两国的相对收入差距看成其相对需求结构。由理论模型拓展一可知，当服务业相对出口对相对市场规模的偏导值大于 1 时，本地市场效应存在。由于一般实证模型中各变量均采用对数形式，变量间的关系表现为弹性，则进一步转化为弹性的形式，当服务业相对出口规模对相对市场规模的弹性大于 0 时，存在本地市场效应。

在研究本地市场效应是否存在的基础上，我们构建交互项来研究相对市场规模与相对需求结构的共同作用。如果交互项系数呈正显著，则表明相对需求结构与市场规模相互强化，共同促进了服务业出口的本地市场效应。令 lnre_gdpineq 表示相对市场规模与相对需求结构的交互影响，具体的计量模型设定如下：

$$\text{lnre\_ex}_{it} = \beta_0 + \beta_1 \text{lnre\_gdp}_{it} + \beta_2 \text{lnre\_gdppc}_{it} + \beta_3 \text{lnre\_gdpineq}_{it} + u_{it}$$

$$(5.1.10)$$

综述可知，t 期 i 国对 j 国服务业的相对出口取决于两国的相对市场规模、相对人均收入和相对收入差距。如果两国具有相同的人均收入和收入分配，则两国服务贸易额由双边相对需求规模决定。当出口国 i 国相对于进口国 j 国的出口收入弹性 r_1 和进口收入弹性 r_2 之差 β_1 大于 0 时，表明需求规模作用的本地市场效应存在；同样，当两国具有相同的需求规模和人均收入时，两国服务贸易额由相对需求结构决定，β_3 大于 0 时表明存在需求结构作用的本地市场效应。

5.2　变量说明与数据来源

5.2.1　样本选择

为了从实证分析中验证模型结论，本书选取 2000～2013 年中国与 41 个国家和地区[①] 11 个服务业细分行业的双边贸易非平衡面板数据进行经验检验。这些国家和地区涵盖了中国的主要服务贸易伙伴，样本期内与中国的服务贸易占中国服务贸易总额的 95.72%。因此，上述样本选择具有代表性，这有助于得到相对

---

　　① 经典本地市场效应实证分析中，已经具体介绍了这 41 个国家和地区，此处不再赘述。

科学的结论。

5.2.2 变量说明与数据来源

1. 被解释变量

lnre_ex：中国和服务贸易伙伴的相对出口。中国与 41 个国家和地区的双边整体与分行业服务贸易数据来自联合国服务贸易数据库（U-nited Nations Service Trade Statistics Database）与 OECD 统计数据库，由于进出口贸易均按现价美元测算，本章根据各贸易伙伴的进口、出口价值指数折算为以 2000 年为基期的实际进口数据与出口数据，进口价值指数与出口价值指数均来自世界发展指标数据库（WDI）。

2. 解释变量

lnre_gdp：相对市场规模。各国市场规模均采用以 2000 年为基期的 GDP 来衡量。[①] 数据来源于 WDI 数据库。

lnre_ineq：相对需求结构。用以衡量收入分配不平等程度的指标主要有 RP20%（张亚斌等，2012）和基尼系数（张学勇，陶醉，2014），前者用一国最富有的 20% 人口所占财富与最贫困的 20% 人口所占财富的比值来度量。本节实证分析分别采用这两个指标，基尼系数用于稳健性检验。这两个指标主要来源于 WDI 数据库、世界收入差距数据库 WIID（world income inequality database）与 2000 ~ 2013 年人类发展报告。

---

① 在有关本地市场效应实证研究的文献中，本地市场规模有时使用产业总产值（邱斌，尹威，2010）或行业产出（范剑勇，谢强强，2010）来衡量。本书认为，服务业是经济的黏合剂，是便于一切经济交易的产业。本地市场规模不仅仅取决于服务业本身的产出，更取决于整体经济部门对服务业的需求。因此，使用 GDP 衡量本地市场规模大小更为合适。

lnre_gdppc：相对人均收入。在前文的理论与实证模型中，我们得到人均收入和一国收入分配差距共同反映需求因素。人均收入水平采用以 2000 年为基期的人均 GDP 来衡量。数据来源于 WDI 数据库。

在实证分析之前，需要考虑以下可能存在的内生性问题：第一，反向因果关系。由于模型中被解释变量为相对出口，解释变量中包括衡量相对需求结构的收入分配差距变量，而斯托尔珀－萨缪尔森定理（S–S）认为，国际贸易对收入分布的差异有影响，S–S 定理得出，在存在关税的情况下，当一国与其他国家进行贸易时，关税将促使出口行业（受保护行业）的商品中密集使用的要素收入增加，即实行贸易保护主义会提高一国相对稀缺要素的价格。在服务贸易中，关税可以看作服务贸易壁垒，那么，服务业出口增加是否会反向影响相对收入差距的变化呢？答案是不成立的。对于所有国家而言，无论是出口贸易还是进口贸易，对国家内部收入差距的影响都不显著，而金融发展程度和高等教育才是影响一国收入差距的重要因素（魏浩，刘吟，2011）；杨娟等（2015）通过构建四期世代交叠模型，发现义务教育是影响收入差距和代际流动性的最主要因素，贫困家庭由于缺乏资金等，较少对孩子的早期教育进行投资，导致孩子在义务教育阶段所获得的知识资本存量相对有限，进而导致其高等教育参与率不高，通过教育经费投入模拟发现，加大义务教育阶段的公共支出能够有效地弥补早期教育阶段的资金预算约束，缓解收入分配不平等。前文在收入分布函数中将收入分布结构扩展为需求结构，而贸易通过要素价格影响收入分布进而传导到需求结构的效应则较弱。此外，本章也通过实证来验证相对需求结构的外生性，即采取相对需求结构的滞后项作为工具变量进行 GMM 估计，并对工具变量进行识别不足、弱识别、过度识别检验，且通过基于差分 Hansen–J 的 C 统计量来检验相对需求结构是否为内生变量。实证结果表明，相对需求结构确实为外生变量，说明本书只存在一种因果关系，即相对需求结构增加将有利于促进服务业出口的增加。第二，随时间、个体变化不可观测的因素。对于该问题的解决，本章实证采用双向固定效应进行回归，以控制这些因素的影响。

5.3 实证结果与分析

实证分析分三个步骤进行：第一，利用中国与41个主要贸易伙伴双边整体服务贸易数据，先从静态双向固定效应基准层面来检验非位似偏好下中国整体服务业相对市场规模与市场结构作用的本地市场效应的存在性，然后基于面板门槛模型，以相对需求规模为门槛变量，考察相对需求结构与相对市场规模的共同作用，最后从动态层面来进行检验；第二，根据服务业功能分类方法，分别基于面板门槛和动态双向固定效应来检验生产性服务业和消费性服务业相对市场规模与市场结构作用的本地市场效应的存在与否；第三，通过更换收入分配不平等程度指标测度和人均收入变量两种方法进行稳健性检验。

5.3.1 非位似偏好下中国整体服务业出口的本地市场效应检验

1. 静态面板的实证分析

利用式（5.1.9）和式（5.1.10）对中国整体服务业出口的本地市场效应进行检验，估计结果，见表5－1。模型（1）采用混合OLS回归；模型（2）、模型（4）采用双向固定效应回归，分别对个体固定、时间固定、双向固定检验发现，个体、时间变量均显著，对固定效应与随机效应做稳健Hausman检验，得出统计量对应P值均小于0.05，限于篇幅，表中未列出，表明解释变量与扰动项相关，此时固定效应参数估计是一致估计，回归结果显示双向固定效应回归系数并没有发生显著变化，且调整 R^2 远大于混合 OLS 回归，表明模型拟合更好，故采用双向固定效应模型；进一步检验模型发现存在截面相关、截面异方差与序列相关问题。[①] 模型（3）、模型（5）~ 模型（7）是在考虑上述截面相关、异方差与序列相关的情况下，采用 Driscoll 和 Kraay 方法估计，并通过 Newey - West 修正标准误。

表 5 - 1 结果显示，非位似偏好下，中国整体服务业出口具有市场规模作用的本地市场效应，这也与前文经典模型的结论一致。模型（1）~ 模型（7）中，lnre_gdp 的系数均大于 0，且为正显著，说明相对市场规模每增长 1%，将促进中国整体服务业相对出口增长 0.076% ~0.155%，表明中国服务业出口具有本地市场效应。随着中国经济的快速发展，人均收入水平不断提高，人们对服务的需求越来越大。从服务业增加值来看，服务业增加值从 2000 年的 3.87 万亿元增长到 2014 年的 30.67 万亿元，年均增长率达 15.94%，增加值比重也从 2000 年的 39.0% 增长到 2014 年的 48.2%。中国服务业市场规模不断扩大，内部规模经济和外部规模经济降低了生产成本，提高了生产效率和生产的差异化，有利于促进服务业出口。

表 5 - 1　　　　非位似偏好下中国整体服务业出口静态面板估计结果

	(1) OLS	(2) FE	(3) DK	(4) FE	(5) DK	(6) DK	(7) DK
lnre_gdp	0.076 ** (2.13)	0.074 ** (2.08)	0.074 * (1.82)	0.099 * (1.68)	0.099 *** (6.03)	0.085 ** (2.25)	0.155 *** (3.28)
lnre_gdppc	0.341 *** (4.42)	0.607 *** (8.32)	0.607 *** (6.65)	0.425 *** (4.07)	0.425 *** (3.30)	0.661 *** (7.64)	0.757 *** (7.08)

---

①　以表 5 - 1 中的模型（4）双向固定效应为例，Pesaran CD 与 Friedman FR 检验统计量值分别为 25.08、212.95，两者对应 P 值均为 0.0000，小于 0.05，Free FRE 统计量均大于显著性水平的 0.10、0.05、0.01 对应的临界值，说明模型存在截面相关；截面异方差下，LM 检验统计量值为 202.91，对应 P 值为 0.0000，表明模型存在截面异方差；序列相关检验统计量值为 23.94，对应 P 值为 0.0003，说明模型存在序列相关问题。

	(1) OLS	(2) FE	(3) DK	(4) FE	(5) DK	(6) DK	(7) DK
lnre_ineq				0.902 ***	0.902 ***		
				(3.57)	(3.78)		
lnre_gdpineq						0.178 *	0.123 *
						(1.70)	(1.72)
常数项	0.843 ***	1.395 ***	1.395 ***	0.655 **	0.655 *	1.811 ***	2.062 ***
	(3.42)	(6.09)	(6.20)	(2.13)	(1.82)	(5.33)	(5.97)
R²	0.091	0.508	0.508	0.551	0.551	0.254	0.693
国家/时期	否	是	是	是	是	否	是
观测值数目	488	488	488	488	488	488	488

注：（）内为 t 统计量，*** 、** 、* 分别表示在 1%、5%、10% 的水平上显著。
资料来源：作者采用 Stata 13.1 软件回归而得。表 5－2～表 5－13，下同。

　　需求结构作用的本地市场效应也有利于促进中国整体服务业出口，同时，需求结构强化了需求规模作用的本地市场效应，这与前文的理论模型结论一致。模型（4）～模型（5）中，lnre_ineq 的系数均大于 0，且为正显著，说明相对需求结构每增长 1%，将促进中国整体服务业相对出口增长 0.902%，表明中国服务业出口具有需求结构作用的本地市场效应。模型（6）～模型（7）中，lnre_gdpineq 的系数均在 5% 的水平下显著为正，且 lnre_gdp 中的系数均大于模型（1）～模型（3）中 lnre_gdp 的系数，表明相对需求结构对相对需求规模作用的本地市场效应具有加强作用。需求结构作用的本地市场效应之所以能够发生，我们认为，自改革开放以来，中国经济实现了年均 9.9% 的高速增长，人均 GDP 也从 2000 年的 7858 元增长到 2013 年的 41908 元，年均增长率达 13.74%，远高于世界同期 5.25% 的年均增长率，随着人均收入水平的不断提高，高收入群体数量不断增多且收入差距拉大，服务消费的收入弹性大幅度上升，同时对多样化和差异化的服务需求增加，替代弹性减少，从而促使服务业出口存在需求结构作用的本地市场效应。

2. 反向因果关系检验

为了对本书可能存在的反向因果关系进行处理，并增强结论的稳健性，考虑选择"相对需求结构"的滞后项作为工具变量进行分析，由于前文检验得出扰动项为非球形扰动，则考虑基于差分 Hansen – J 的 C 统计量替代 Hausman 统计量对相对需求结构变量进行内生性检验。回归结果见表 5 – 2。

表 5 – 2　　　　　　非位似偏好下 GMM 估计与内生性检验

	（1）	（2）	（3）	（4）	（5）	（6）
lnre_incq	0. 719 ***	0. 422 *	1. 045 ***	0. 830 ***	0. 594 ***	0. 580 ***
	（3. 34）	（1. 66）	（3. 63）	（3. 78）	（2. 75）	（2. 65）
lnre_gdp	0. 168 ***	0. 258 ***			0. 069 *	0. 104 **
	（5. 12）	（5. 86）			（1. 80）	（2. 05）
lnre_gdppc			0. 570 ***	0. 844 ***	0. 580 ***	0. 729 ***
			（7. 05）	（8. 34）	（7. 19）	（6. 63）
Centered R^2	0. 1092	0. 5604	0. 1947	0. 6549	0. 2546	0. 6578
F 统计量	23. 51	15. 63	42. 45	42. 98	35. 27	43. 15
不可识别检验	333. 99	262. 06	114. 97	61. 33	268. 57	33. 35
	［0. 0000］	［0. 0000］	［0. 0000］	［0. 0000］	［0. 0000］	［0. 0000］
弱识别检验	1001. 87	349. 55	1116. 26	876. 68	836. 04	694. 51
过度识别约束检验	0. 057	0. 433	0. 032	0. 278	0. 036	0. 378
	［0. 8113］	［0. 5103］	［0. 8583］	［0. 5978］	［0. 8490］	［0. 5386］
内生性检验	0. 030	0. 004	0. 595	0. 001	0. 026	0. 021
	［0. 8626］	［0. 9467］	［0. 4405］	［0. 9795］	［0. 8722］	［0. 8837］
国家/年份	否	是	否	是	否	是
观测值数目	488	488	488	488	488	488

注：（ ）内为 t 统计量，［ ］内为检验统计量的 P 值，***、**、*分别表示在 1%、5%、10%的水平上显著。

对比表 5 – 1 回归发现，表 5 – 2 中使用工具变量的 GMM 回归结果并没有显著差异。对工具变量的不可识别 KP rk LM 检验拒绝了原假设，说明检验的内生变量相对于工具变量可识别，弱识别 KP rk Wald F 检验均大于给定显著性水平下的临界值，表明工具变量在解释相对需求结构时不存在弱工具变量问题；Hansen J 统计量的过度识别约束检验没有拒绝原假设，说明模型设定合理；差分 Hansen – J 的 C 统计量的内生性检验没有拒绝原假设，表明相对需求结构为外生变量。上述检验充分表明，相对需求结构与服务业相对出口之间的正向关系的确是一种因果关系：一国相对收入分配差距扩大有利于促进服务业相对出口增加。

3. 面板门槛效应回归

拉策和马伊内里（Latzer，Mayneris，2011）提出，收入差距带来的需求结构会因相对需求规模的取值不同而产生不同的本地市场效应，因而我们认为相对需求结构对服务业本地市场效应具有阶段性的差异化影响。汉森（Hansen，2000）提出门槛回归（Threshold Regresssion）方法，并基于严格的统计推断对门槛值进行估计和检验。以单一面板门槛模型为例，假设 q 为门槛变量，将样本划分为两个部分，公式如下：

$$y_{it} = \beta_0 + \beta_1 x_{it} * I(q_{it} \leq r) + \beta_2 x_{it} * I(q_{it} > r) + \xi_{it} \qquad (5.3.1)$$

其中，$I(\cdot)$ 为示性函数，如果括号内表达式为真，则取值为 1，否则取 0。对于门槛效应的检验，首先通过似然比 LR 检验门槛效应的存在性：若 $\beta_1 = \beta_2$，则不存在门槛效应；若 $\beta_1 \neq \beta_2$，则存在门槛效应。当存在门槛效应时，进一步通过 LR 检验门槛值，r 的估计满足残差平方和最小，从而计算出临界值 r 与其置信区间。

本书以相对市场规模为门槛变量，考察相对需求结构的分阶段效应，当 $\beta_1 \neq \beta_2$ 时，表明相对需求结构对本地市场效应具有非线性影响。面板门限模型要求样本数据为平衡面板，由于原始样本为非平衡面板，所以我们首先将样本进行转化。对整体服务业门槛效应检验和门槛值估计结果，分别见表 5-3 与表 5-4。

表 5-3 中分别采用 RP20% 与基尼系数来衡量需求结构，检验结果表明在 5% 的显著性水平下，无论采取 RP20% 还是基尼系数，整体服务业出口都存在双重门槛效应。由表 5-4 门槛值估计可知，当采取 RP20% 衡量需求结构时，相对市场规模门槛值分别为 3.540 和 5.306；当采用基尼系数衡量需求结构时，相对市场规模门槛值分别为 3.563 和 5.306。

表 5-3　　　　　　　　　　整体服务业门槛效应检验

假设检验	RP20%				基尼系数			
	Bootstrap LM	不同显著性水平临界值			Bootstrap LM	不同显著性水平临界值		
		99%	95%	90%		99%	95%	90%
H0：没有门槛值 H1：有 1 个门槛值	19.24 ** (0.04)	23.50	18.73	16.12	15.06 ** (0.05)	22.87	14.90	12.44
H0：有 1 个门槛值 H1：有 2 个门槛值	22.08 *** (0.00)	18.22	14.96	12.89	22.27 ** (0.03)	24.50	19.40	16.02
H0：有 2 个门槛值 H1：有 3 个门槛值	2.77 (0.23)	8.77	5.55	4.67	5.64 * (0.07)	14.22	6.32	4.51

注：( ) 内为通过 Bootstrap 自举法得到的 P 值，若 P 值小于 0.05，表明在 5% 的显著性水平下拒绝原假设，说明存在门槛效应。

表 5-4　　　　　　　　整体服务业门槛值估计结果与置信区间

	RP20%		基尼系数	
	估计值	95% 的置信区间	估计值	95% 的置信区间
门槛值 1 （r1）	3.540	[2.739，3.655]	3.563	[2.739，3.742]
门槛值 2 （r2）	5.306	[5.159，5.383]	5.306	[5.221，5.383]

表 5-5 中，模型 （1）、模型 （2） 分别对应于 RP20% 与基尼

系数衡量需求结构的回归结果。可以看出，中国整体服务业仍表现出显著的需求规模和需求结构作用的本地市场效应，后者呈现出明显的非线性特征，具体来看，在相对市场规模作为门槛变量的情况下，相对市场规模越大，相对需求结构强化本地市场效应的作用越强。以模型（1）为例，当相对需求规模小于等于 3.540 时，相对需求结构每增加 1%，相对出口增加 0.717%；当相对需求规模大于 3.540 小于等于 5.306 时，相对需求结构每增加 1%，相对出口增加 1.439%；当相对需求规模大于 5.306 时，相对需求结构每增加 1%，相对出口增加 4.360%。

表 5 - 5　　　非位似偏好下中国整体服务业出口面板门槛估计结果

	（1）	（2）
lnre_gdp	0.177 ***	0.183 ***
	(4.07)	(4.28)
lnre_gdppc	0.274 **	0.397 ***
	(2.46)	(3.60)
lnre_ineq1	0.717 ***	1.411 ***
	(3.63)	(4.00)
lnre_ineq2	1.439 ***	2.950 ***
	(5.58)	(6.10)
lnre_ineq3	4.360 ***	8.972 ***
	(6.79)	(6.38)
常数项	1.426 ***	1.742 ***
	(5.50)	(7.20)
Within R^2	0.4790	0.4839
国家/年份	是	是
观测值数目	352	352

注：（ ）内为 t 统计量，*** 、** 、* 分别表示在 1%、5%、10% 的水平上显著。lnre_ineq1、lnre_ineq2、lnre_ineq3 分别对应于 lnre_gdp ≤ r1、r1 < lnre_gdp ≤ r2、lnre_gdp > r2 情况下的回归结果。

4. 动态面板的实证分析

服务业出口从长期来看是个动态过程，既受当前因素的影响，也与过去因素有关。因而，考虑在模型中加入被解释变量的滞后项，并进一步采用系统 GMM 方法估计，结果如表 5－6 所示。

表 5－6　非位似偏好下中国整体服务业出口动态面板估计结果

	（1）	（2）	（3）	（4）	（5）	（6）
L. lnre_ex	0.474 ***	0.423 ***	0.450 ***	0.468 ***	0.393 ***	0.386 ***
	（48.14）	（44.50）	（51.59）	（18.48）	（12.24）	（12.24）
lnre_gdp	0.279 ***	0.317 ***	0.297 ***	0.329 ***	0.547 ***	0.491 ***
	（13.03）	（28.18）	（18.34）	（6.89）	（8.48）	（8.52）
lnre_gdppc	0.497 ***	0.418 ***	0.673 ***	0.968 ***	0.963 **	0.787 *
	（3.31）	（3.96）	（3.82）	（3.72）	（2.76）	（2.23）
lnre_ineq		0.228 ***			0.693 ***	
		（12.27）			（4.56）	
lnre_gdpineq			0.083 ***			0.125 ***
			（6.31）			（3.54）
常数项	－ 0.561 ***	－ 0.652 ***	－ 0.830 ***	－ 0.498 **	－ 1.420 ***	－ 1.385 ***
	（－5.42）	（－12.62）	（－9.93）	（－3.19）	（－5.68）	（－5.76）
Hansen Test	33.46	34.59	33.66	18.03	24.90	23.76
	［0.3031］	［0.7120］	［0.4355］	［0.5855］	［0.3021］	［0.3602］
AR（1）Test	0.0229	0.0178	0.0259	0.0211	0.0194	0.0167
AR（2）Test	0.3697	0.3477	0.8010	0.3605	0.8491	0.5483
国家/年份	否	否	否	是	是	是
观测值数目	488	488	488	488	488	488

注：（ ）内为 t 统计量，［ ］内为检验统计量的 P 值，*** 、** 、* 分别表示在 1% 、5% 、10% 的水平上显著。

表 5－6 中，模型（1）~模型（6）中的 Hansen 过度识别约束检验均不拒绝原假设，说明所有工具变量均有效；Arellano － Bond

差分后的 AR（1）检验均拒绝原假设，而 AR（2）检验均不拒绝原假设，说明差分后的残差存在一阶自相关，但不存在二阶自相关，表明模型设定合理。由表可知，滞后一期相对出口在 5% 水平下显著为正，表明服务业相对出口表现出明显的惯性特征。相对市场规模、相对需求结构系数均呈正显著，表明市场规模作用的本地市场效应和需求结构作用的本地市场效应均促进了中国服务业的出口，且交互项显著为正，进一步说明相对需求结构具有强化相对市场规模本地市场效应的作用，动态估计结果均与静态、门槛分析结论一致，不再赘述。

5.3.2 非位似偏好下中国分类型服务业出口的本地市场效应检验

上述分析得出中国服务业出口具有本地市场效应，那么，究竟哪类服务业具有本地市场效应呢？由于服务业各分部门的技术状况、行业特点千差万别，不同部门的待估参数可能完全不同，收入分配所带来的消费结构变化与偏好变化，对分类型服务业的影响也不尽相同。因此，有必要探讨服务业分类出口本地市场效应的存在性及差异。

1. 动态面板的实证分析

对不同类型服务行业出口的本地市场效应的动态检验结果，如表 5-7 所示。模型（1）~模型（6）采用系统 GMM 方法分析生产性服务业与消费性服务业的本地市场效应，各模型中，Hansen 过度识别约束检验均不拒绝原假设，表明所有工具变量均有效；Arella-no-Bond 差分后的 AR（1）检验均拒绝原假设，而 AR（2）检验均不拒绝原假设，表明差分后的残差存在一阶自相关，但不存在二阶自相关，表明模型设定合理。估计结果显示，生产性服务业和消费性服务业相对出口的滞后一期均呈正显著，表明生产性服务业和消费性服务业相对出口具有明显的惯性特征。

在相对市场规模方面，生产性服务业具有市场规模作用的本地市场效应，而消费性服务业不具有。就生产性服务业而言，lnre_gdp 系数呈正向显著相关，相对市场规模每增长 1%，将促进生产性服务业相对出口增长 0.386% ~ 0.452%；就消费性服务业而言，lnre_gdp 系数呈负显著相关，相对市场规模每增长 1%，将导致消费性服务业相对出口减少 1.070% ~ 1.261%。近年来，在国家加快产业结构调整的政策要求下，中国生产性服务业飞速发展。党的十八大报告提出，把推动经济发展的立足点转到提高质量和效益上来，使经济发展更多依靠现代服务业和战略性新兴产业带动，更多依靠科技进步、劳动者素质提高与管理创新驱动等，从而不断增强长期发展后劲。[1] 2000 ~ 2013 年，中国生产性服务出口年均增长率为 20.25%，远高于同期服务业总出口 13.58% 的年均增长率，更高于消费性服务业 9.38% 的出口年均增长率。

表 5 - 7　非位似偏好下中国分类型服务业出口的本地市场效应检验

	生产性服务业			消费性服务业		
	(1)	(2)	(3)	(4)	(5)	(6)
L. lnre_ex	0.302 ***	0.310 ***	0.274 ***	0.300 ***	0.358 ***	0.338 ***
	(24.50)	(14.33)	(15.76)	(18.66)	(31.96)	(152.14)
lnre_gdp	0.386 ***	0.452 ***	0.420 ***	- 1.261 ***	- 1.142 ***	- 1.070 ***
	(8.32)	(5.83)	(7.18)	(- 2.80)	(- 6.61)	(- 10.32)
lnre_gdppc	0.818 *	1.576 ***	1.502 *	- 0.359 ***	- 0.567 ***	- 0.903 ***
	(1.73)	(2.71)	(1.74)	(- 3.68)	(- 10.96)	(- 16.40)
lnre_ineq		1.488 ***			1.872 ***	
		(7.91)			(24.99)	

[1]　党的十八大报告（全文）. 见新华网。

续表

	生产性服务业			消费性服务业		
	(1)	(2)	(3)	(4)	(5)	(6)
lnre_gdpineq			0.271 *** (6.62)			0.387 *** (16.39)
常数项	−0.694 *** (−3.10)	−1.747 *** (−4.76)	−0.515 *** (−3.58)	−0.654 ** (−2.53)	−2.457 *** (−25.78)	−2.629 *** (−16.02)
Hansen Test	20.78 [0.5343]	22.19 [0.4485]	24.46 [0.7509]	20.48 [0.4280]	31.33 [0.3994]	29.15 [0.5096]
AR (1) Test	0.0145	0.0132	0.0387	0.0231	0.0219	0.0324
AR (2) Test	0.8675	0.8992	0.4867	0.9096	0.9119	0.9242
国家/年份	是	是	是	是	是	是
观测值数目	409	409	409	381	381	381

注：( ) 内为 t 统计量，[ ] 内为检验统计量的 P 值，*** 、** 、* 分别表示在 1% 、5% 、10% 的水平上显著。

在相对市场结构方面，生产性服务业与消费性服务业均表现出市场结构作用的本地市场效应，且消费性服务业市场结构作用的本地市场效应更强。这也反映出随着人均收入的不断提高，收入弹性更高的旅游、文化娱乐等消费性服务业在消费者总需求中所占比例不断上升，消费者更偏好于对消费性服务业的需求，这印证了我们关于非位似偏好的假设，即当收入按任意比例增长时，需求束并不会按照同样比例增长。国民休闲旅游计划的提出，为居民出游提供了时间上的保障，港澳自由行的实施以及免签证国家的不断增多，出境游空前兴盛。2013 年，中国出境游客达 9818.5 万人次，旅游消费支出达 1286 亿美元，远高于美国 196.7 万人次的出境游客和862 亿美元的旅游消费支出，目前，中国已成为世界最大的旅游客源地。这也导致了随着相对人均收入水平的不断提高，消费性服务业相对出口不断下降，消费性服务业 lnre_gdppc 系数呈负显著，人均收入水平每增加 1%，将导致国民对消费性服务业进口增加 0.359% ~ 0.903%。

2. 面板门槛效应回归

分类型服务业出口中，相对市场规模对相对需求结构门槛约束效应是否具有差异呢？以相对市场规模为门槛变量，对生产性服务业与消费性服务业门槛效应检验和门槛值估计结果，分别如表5－8、表5－9所示。

表5－8　　　　　　分类型服务业门槛效应检验

假设检验	生产性服务业				消费性服务业			
	Bootstrap LM	不同显著性水平临界值			Bootstrap LM	不同显著性水平临界值		
		99%	95%	90%		99%	95%	90%
H0：没有门槛值 H1：有 1 个门槛值	27.45 *** (0.00)	23.76	22.16	21.62	17.20 ** (0.02)	19.03	12.02	10.23
H0：有 1 个门槛值 H1：有 2 个门槛值	11.31 (0.58)	34.96	30.51	27.18	16.16 (0.66)	44.30	37.29	32.17
H0：有 2 个门槛值 H1：有 3 个门槛值	2.26 (0.14)	6.050	4.55	2.86	7.62 (0.51)	24.62	19.17	16.56

注：括号内为通过 Bootstrap 自举法得到的 P 值，若 P 值小于 0.05，表明在 5% 的显著性水平下拒绝原假设，说明存在门槛效应。

表5－9　　　　　分类型服务业门槛值估计结果与置信区间

分类型服务业	估计值	95% 的置信区间
生产性服务业	2.760	[2.657, 2.862]
消费性服务业	2.862	[2.467, 2.937]

由表5-8可知，生产性服务业与消费性服务业出口单门槛均拒绝原假设，而双重门槛和三重门槛均不拒绝原假设，表明生产性服务业和消费性服务业均为单门槛模型。由表5-9可知，生产性服务业相对市场规模门槛值为2.760，而消费性服务业相对市场规模门槛值为2.862。

由表5-10可知，生产性服务业具有市场规模和需求结构作用的本地市场效应，而消费性服务业仅表现出需求结构作用的本地市场效应。当相对市场规模小于等于2.760时，相对需求结构对生产性服务业出口的影响并不显著，生产性服务业本地市场效应仍然主要依赖于市场规模的作用；当相对市场规模大于2.760时，相对需求结构强化了生产性服务业的本地市场效应，相对需求结构每增加1%，生产性服务业相对出口将增加1.246%。同样，当相对市场规模大于2.862时，消费性服务业也表现出需求结构作用的本地市场效应，而相对市场规模小于2.862时，并未表现出这一效应。可见，相对市场规模越大，需求结构强化服务业出口的本地市场效应越显著。

表5-10　非位似偏好下中国分类型服务业出口面板门槛估计结果

	生产性服务业	消费性服务业
lnre_gdp	0.117 **	-0.146 **
	(2.44)	(-2.29)
lnre_gdppc	0.980 ***	-0.372 **
	(7.97)	(-2.52)
lnre_ineq1	0.039	-0.337
	(0.15)	(-0.85)
lnre_ineq2	1.246 ***	0.880 ***
	(4.18)	(2.63)

	生产性服务业	消费性服务业
常数项	2. 464 ***	0. 607
	(6. 87)	(1. 38)
Within R^2	0. 6367	0. 4636
国家/年份	是	是
观测值数目	264	253

注:( ) 内为 t 统计量, ***、**、* 分别表示在 1%、5%、10% 的水平上显著。lnre_ineq1、lnre_ineq2 分别对应于 lnre_gdp≤r、lnre_gdp>r 情况下的回归结果。

5.3.3 稳健性检验

为了确保前文实证研究结果的可靠性,我们接下来将通过更换收入分配不平等程度指标测度与人均收入变量的方法来进行稳健性检验,结果如表 5-11、表 5-12 所示。更换指标测度方面,我们采用基尼系数来衡量收入分配不平等程度;更换变量方面,张亚斌等 (2012)、阚大学和吕连菊 (2014) 采用人均 GDP 作为资本劳动比的代理变量衡量要素禀赋,并将其作为相对比较优势变量来验证本地市场效应的存在性。我们认为这种做法是欠妥的,此处,我们采用各国实际资本存量与劳动力总人数的比值来衡量相对要素禀赋,[①] 作为比较优势变量,替换人均 GDP。各模型中的 AR (1)、AR (2) 与 Hansen 检验结果表明模型设定合理。

① 基于永续盘存法测算资本存量,以 2000 年为基期的固定资本形成总额来衡量当年投资,借鉴吴 (Wu, 2009)、王恕立等 (2014) 的做法,折旧率选用 4%,固定资本形成总额与总劳动力人数均来自 WDI 数据库。

表 5-11　　　　　　更换收入分配不平等程度指标测度的稳健性检验

	整体服务业		生产性服务业		消费性服务业	
	(1)	(2)	(3)	(4)	(5)	(6)
L. lnre_ex	0. 396 ***	0. 402 ***	0. 298 ***	0. 302 ***	0. 354 ***	0. 355 ***
	(12. 54)	(13. 25)	(16. 43)	(29. 30)	(70. 40)	(156. 17)
lnre_gdp	0. 536 ***	0. 538 ***	0. 454 ***	0. 409 ***	- 0. 877 **	- 0. 737 ***
	(9. 25)	(8. 98)	(6. 64)	(7. 55)	(- 2. 22)	(- 6. 91)
lnre_gdppc	0. 721 *	0. 794 *	1. 176 **	1. 016 *	- 0. 319 ***	- 0. 486 ***
	(2. 23)	(2. 32)	(2. 03)	(1. 66)	(- 8. 88)	(- 13. 34)
lnre_ineq	0. 461 *		1. 887 ***		1. 411 ***	
	(2. 09)		(4. 76)		(17. 56)	
lnre_gdpineq		0. 202 ***		0. 194 ***		0. 302 ***
		(7. 22)		(3. 50)		(28. 11)
常数项	- 0. 848 ***	- 0. 883 ***	- 1. 482 ***	- 0. 942 ***	- 1. 086 ***	- 1. 294 ***
	(- 4. 54)	(- 4. 82)	(- 4. 24)	(- 3. 66)	(- 11. 79)	(- 17. 38)
Hansen Test	23. 82	23. 98	21. 07	21. 97	29. 03	29. 02
	[0. 3567]	[0. 3485]	[0. 5162]	[0. 4614]	[0. 6652]	[0. 6655]
AR (1) Test	0. 0151	0. 0160	0. 0178	0. 0143	0. 0127	0. 0131
AR (2) Test	0. 5195	0. 5207	0. 9512	0. 8559	0. 4424	0. 4919
国家/年份	是	是	是	是	是	是
观测值数目	488	488	409	409	381	381

注：( ) 内为 t 统计量，[ ] 内为检验统计量的 P 值，*** 、** 、* 分别表示在 1% 、5% 、10% 的水平上显著。

表 5-12　　　　　　　　更换人均收入变量的稳健性检验

	整体服务业		生产性服务业		消费性服务业	
	(1)	(2)	(3)	(4)	(5)	(6)
L. lnre_ex	0. 383 ***	0. 373 ***	0. 311 ***	0. 315 ***	0. 404 ***	0. 409 ***
	(13. 02)	(12. 62)	(14. 93)	(19. 22)	(67. 91)	(172. 30)
lnre_gdp	0. 568 ***	0. 510 ***	0. 426 ***	0. 455 ***	- 0. 093 ***	- 0. 087 ***
	(8. 16)	(7. 88)	(9. 77)	(7. 08)	(- 4. 69)	(- 3. 76)

续表

	整体服务业		生产性服务业		消费性服务业	
	（1）	（2）	（3）	（4）	（5）	（6）
lnre_gdppc	2.168 **	1.620 *	2.775 **	5.647 ***	-0.385 ***	-0.424 ***
	（2.27）	（1.70）	（2.05）	（3.91）	（-5.19）	（-8.60）
lnre_ineq	0.685 ***		0.348 ***		1.279 ***	
	（3.92）		（2.98）		（34.05）	
lnre_gdpineq		0.132 ***		0.326 ***		0.475 ***
		（3.41）		（4.89）		（44.87）
常数项	-1.532 ***	-1.528 ***	-1.204 ***	-1.220 ***	-0.856 ***	-1.024 ***
	（-4.92）	（-6.15）	（-4.51）	（-3.41）	（-3.33）	（-4.98）
Hansen Test	24.63	23.89	21.33	24.06	32.72	29.94
	[0.3151]	[0.3531]	[0.5002]	[0.3440]	[0.5304]	[0.6672]
AR（1）Test	0.0207	0.0172	0.0128	0.0058	0.0291	0.0305
AR（2）Test	0.8400	0.5521	0.8365	0.8811	0.9288	0.8840
国家/年份	是	是	是	是	是	是
观测值数目	488	488	409	409	381	381

注：（ ）内为 t 统计量，[ ] 内为检验统计量的 P 值，*** 、** 、* 分别表示在 1% 、5% 、10% 的水平上显著。

从以上的结果来看，当我们更换指标测度和变量进行稳健性检验时，整体服务业、生产性服务业均表现出市场规模和需求结构作用的本地市场效应，而消费性服务业不存在相对市场规模作用的本地市场效应；但消费性服务业表现出需求结构作用的本地市场效应。估计结果与前文完全一致，显示了较好的稳健性，进一步证实了实证研究结果的可靠性。

5.4 本章小结

本章放松经典模型中的位似偏好假设,将非位似偏好纳入经典本地市场效应的分析框架,并从需求规模和需求结构两个层面来综合分析服务业的本地市场效应,在一定程度上弥补了经典模型中仅从需求规模单一视角的分析。选用 2000~2013 年中国与 41 个国家和地区的双边贸易数据,从面板静态、动态、门槛三个层面对中国服务业出口的本地市场效应进行验证。研究发现,中国整体服务业出口存在市场规模和需求结构作用的本地市场效应,且后者呈现出显著的非线性特征;分类型服务业中,生产性服务业具有需求规模和需求结构作用的本地市场效应,而消费性服务业仅表现出需求结构作用的本地市场效应;无论是整体还是分类型服务业,当相对市场规模越大时,需求结构强化本地市场效应的作用越显著。

基于服务企业异质性的
本地市场效应研究

6.1　模型构建

结合上述文献与理论分析，本章拓展舒马赫和西尔弗斯通（Schumacher, Siliverstovs, 2006）模型，将反映国家间贸易自由化（贸易成本）差异和产业异质性特征的变量纳入实证模型构建中，尝试构建融合相对市场规模、要素禀赋、需求结构、贸易自由化程度和技术差异的检验模型，更加全面地考虑服务业出口的影响因素，检验服务业本地市场效应是否存在，并进一步分析贸易自由化和技术优势增强是否作为"加速器"促进本地市场效应的发挥。

根据理论模型，当服务业相对出口对相对市场规模的偏导值大于1时，本地市场效应存在。由于一般实证模型中各变量均采用对数形式，变量间的关系表现为弹性，则进一步转化为弹性的形式，当服务业相对出口规模对相对市场规模的弹性大于 0 时，存在本地市场效应。拓展引力模型如下：

$$\ln EX_{ijt}^a = \gamma_0^a + \gamma_1^a \ln Y_{it} + \gamma_2^a \ln c_{it} + \gamma_3^a \ln ineq_{it} + \gamma_4^a \ln lib_{it} + \gamma_5^a \ln tech_{it}$$
$$+ \gamma_6^a \ln Y_{jt} + \gamma_7^a \ln c_{jt} + \gamma_8^a \ln ineq_{jt} + \gamma_9^a \ln lib_{jt} + \gamma_{10}^a \ln tech_{jt} + \xi_{it}$$

$$(6.1.1) [1]$$

其中，EX_{ijt}^a 为 t 期 i 国对 j 国服务业 a 的出口额，$Y_{it}(Y_{jt})$ 为 t 期出口国 i（进口国 j）的市场规模，$c_{it}(c_{jt})$ 为 t 期 i 国（j 国）的要素禀赋状况，$ineq_{it}(ineq_{jt})$ 为 t 期 i 国（j 国）的收入分配不平等程度，$lib_{it}(lib_{jt})$ 为 t 期 i 国（j 国）的贸易自由化程度，$tech_{it}$（$tech_{jt}$）为 t 期 i 国（j 国）的技术水平，ξ_{it} 为扰动项。

由于 t 期 i 国对 j 国服务业 a 的进口额（IM_{ijt}^a）实际上就是 t 期 j 国对 i 国服务业 a 的出口额（EX_{jit}^a），所以：

$$\ln IM_{ijt}^a = \ln EX_{jit}^a = \gamma_0^a + \gamma_1^a \ln Y_{jt} + \gamma_2^a \ln c_{jt} + \gamma_3^a \ln ineq_{jt} + \gamma_4^a \ln lib_{jt} + \gamma_5^a \ln tech_{jt}$$
$$+ \gamma_6^a \ln Y_{it} + \gamma_7^a \ln c_{it} + \gamma_8^a \ln ineq_{it} + \gamma_9^a \ln lib_{it} + \gamma_{10}^a \ln tech_{it} + \nu_{jt}$$

$$(6.1.2)$$

用式（6.1.1）减去式（6.1.2），得到相对于 j 国而言，i 国 t 期服务业 a 的相对出口的对数表达式，由于式（6.1.1）和式

---

[1]　对于相对贸易自由化程度变量，在舒马赫和西尔弗斯通（Schumacher, Siliverstovs, 2006）与阚大学和吕连菊（2014）模型中，选用 D_{ij}（i 国与 j 国间的距离）衡量贸易成本，分析相对出口时，剔除了反映贸易成本的双边距离变量；z_{kij} 为虚拟变量，用于衡量政策、语言、历史等因素对双边贸易的影响。本书认为，随着通信技术的高速发展，距离在服务贸易中的作用相对减弱，仅用距离衡量双边贸易成本并不准确；此外，现实中，双边贸易成本往往并不对称，服务贸易协议并非都是双边开放，以 CEPA 为例，主要是内地对香港单方面开放服务业市场，而且开放不是简单的一次性到位的开放，每年都有变化；即使是双边同时开放，各国（地区）也会根据自身技术水平差异和经济发展需求，有选择地开放服务业市场，双边开放部门和开放程度并不相同。因此，本书认为，距离、语言等差异都是引起贸易摩擦的因素之一，均应包含在贸易成本的衡量中。贸易自由化程度越高，贸易成本越小，因而本书采用 lib 变量综合反映贸易自由化程度。

（6.1.2）中的 γ_0^a 不一定相同，相减不一定会抵消，因而保留常数项。令 β_0、u_{it} 为式（6.1.1）减式（6.1.2）中常数项、扰动项之差，整理得：

$$\ln(EX_{ijt}^a/EX_{jit}^a) = \beta_0 + (\gamma_1^a - \gamma_6^a)\ln(Y_{it}/Y_{jt}) + (\gamma_2^a - \gamma_7^a)\ln(c_{it}/c_{jt})$$
$$+ (\gamma_3^a - \gamma_8^a)\ln(ineq_{it}/ineq_{jt}) + (\gamma_4^a - \gamma_9^a)\ln(lib_{it}/lib_{jt})$$
$$+ (\gamma_5^a - \gamma_{10}^a)\ln(tech_{it}/tech_{jt}) + u_{it} \qquad (6.1.3)$$

令 $\gamma_1^a - \gamma_6^a = \beta_1$，$\gamma_2^a - \gamma_7^a = \beta_2$，$\gamma_3^a - \gamma_8^a = \beta_3$，$\gamma_4^a - \gamma_9^a = \beta_4$，$\gamma_5^a - \gamma_{10}^a = \beta_5$，

$EX_{ijt}^a/EX_{jit}^a = re\_ex_{it}$，$Y_{it}/Y_{jt} = re\_gdp_{it}$，$c_{it}/c_{jt} = re\_k_{it}$，

$ineq_{it}/ineq_{jt} = re\_ineq_{it}$，$lib_{it}/lib_{jt} = re\_lib_{it}$，$tech_{it}/tech_{jt} = re\_tech_{it}$，

则进一步整理得，最终计量模型如下：

$$lnre\_ex_{it} = \beta_0 + \beta_1 lnre\_gdp_{it} + \beta_2 lnre\_k_{it} + \beta_3 lnre\_ineq_{it}$$
$$+ \beta_4 lnre\_lib_{it} + \beta_5 lnre\_tech_{it} + u_{it} \qquad (6.1.4)$$

由式（6.1.4）可知，t 期 i 国对 j 国服务业的相对出口，取决于两国的相对市场规模、相对要素禀赋、相对收入差距、相对贸易自由化程度（贸易成本）和相对技术差异。在非位似偏好假定下，收入分布的差异会直接影响需求偏好与结构，因而，可以将两国相对收入差距看成其相对需求结构。

如果两国具有相同的要素禀赋、需求结构、贸易自由化程度和技术水平，那么，两国服务贸易额由双边相对需求规模决定。当出口国 i 国相对于进口国 j 国的出口收入弹性 γ_1^a 和进口收入弹性 γ_6^a 之差 β_1 大于 0 时，本地市场效应存在；如果两国具有相同的需求规模、需求结构、贸易自由化程度和技术水平时，两国服务贸易额由双边相对要素禀赋决定，β_2 越大表明相对要素禀赋优势越大，相对出口越大，这样就能分离出比较优势和本地市场效应对双边贸易额的不同作用；同样，其他保持不变，β_3、β_4、β_5 为正且数值越大时，表明需求结构、贸易自由化程度和技术水平越高，越有利于促进服务业出口。

6.2 变量说明与数据来源

1. 样本选择

为了从实证分析中验证模型结论，本章选取 2000 ~ 2013 年中国与 41 个国家和地区 11 个服务业细分行业的双边贸易非平衡面板数据进行经验检验。这些国家和地区涵盖了中国的主要服务贸易伙伴，样本期内与中国的服务贸易占中国服务贸易总额的 95.72%。因此，上述样本选择具有代表性，这有助于得到相对科学的结论。

2. 变量说明与数据来源

(1) 被解释变量

lnre_ex：中国和服务贸易伙伴国和地区的相对出口。中国与 41 个国家和地区的双边整体与分行业服务贸易数据来自联合国服务贸易数据库（united nations service trade statistics database）与 OECD 统计数据库，由于进出口贸易均按现价美元测算，本章根据各贸易伙伴的进口价值指数、出口价值指数折算为以 2000 年为基期的实际进口与出口数据，进口价值指数与出口价值指数均来自世界发展指标数据库（WDI）。

(2) 核心解释变量

lnre_gdp：相对市场规模。各国市场规模均采用以 2000 年为基期的 GDP 来衡量。① 数据来源于 WDI 数据库。

（3）控制变量

lnre_k：相对要素禀赋。要素禀赋采用各国实际资本存量与劳动力总人数的比值来衡量。关于资本存量的核算，采用目前通行的永续盘存法，公式表示为 $K_t = (1 - \delta_t) K_{t-1} + I_t$。其中，$K_t$ 为 t 年实际资本存量，K_{t-1} 为 t − 1 年的实际资本存量，δ_t 为 t 年固定资产折旧率，I_t 为 t 年投资。关于 I_t，借鉴杨（Young，2003）、张军等（2004）的做法，采用 2000 年为基期的固定资本形成总额来衡量当年投资。对于基期资本存量的计算，借鉴世界投入产出 WIOD 数据库的处理方法，$K_0 = I_0 / (g + \delta)$，I_0 为 2000 年固定资本形成总额，g 为 2000 ~ 2013 年 GDP 增长率（王恕立，胡宗彪，2012）；吴（Wu，2009）、王恕立等（2014）在测算中国服务业资本存量时，采用 4% 的折旧率，本章 δ 也取 4%。固定资本形成总额、总劳动力人数，均来自 WDI 数据库。

lnre_ineq：相对需求结构。用以衡量收入分配不平等程度的指标主要有 RP20%（张亚斌等，2012）和基尼系数（张学勇，陶醉，2014），前者用一国最富有的 20% 人口所占财富与最贫困的 20% 人口所占财富的比值来度量。本章实证分析分别采用这两个指标，基尼系数用于稳健性检验。这两个指标主要来源于 WDI 数据库、世界收入差距数据库 WIID（world income inequality database）与 2000 ~ 2013 年人类发展报告。

lnre_lib：相对贸易自由化程度。服务业市场准入和各类边境内

---

① 在有关本地市场效应实证研究的文献中，本地市场规模有时使用产业总产值（邱斌，尹威，2010）或行业产出（范剑勇，谢强强，2010）来衡量。本书认为，服务业是经济的黏合剂，是便于一切经济交易的产业。本地市场规模不仅仅取决于服务业本身的产出，更取决于整体经济部门对服务业的需求。因此，使用 GDP 作为衡量本地市场规模大小更为合适。

壁垒，是影响服务贸易的主要因素。一般来说，一国服务业开放程度越高，其服务贸易自由化程度也越高。贸易自由化程度，采用全球经济自由度指数 EFW[①]（economic freedom of the world）来衡量。该指数从政府规模、贸易政策和信贷规则、货币政策、法律结构与产权保护、劳动力与商业管制 5 个方面较为全面地衡量了各国的经济自由度，且在每个方面均采用相应的公式测度和评估各项指标的分值，每项指标值域介于 0～10 之间，值越大说明一国的制度环境越宽松，自由化程度越高。基穆拉和李（Kimura，Lee，2006）曾采用该指标衡量服务贸易的自由化程度，唐海燕和张会清（2009）也采用该指标衡量一国的制度环境。EFW 指数来自加拿大弗雷泽研究所数据库。

lnre_tech：相对技术差异。本章分别采用服务业生产率、每百万人口拥有专利申请数、专利授予数、研发投入强度等指标来衡量各国的技术水平（Caves et al.，1982；Morrow，2010；Van der Marel，2012；张世贤，2005；沈国兵，李康，2014），后两种指标用于稳健性检验。服务业生产率用服务业增加值与服务业就业人数的比值来测算，该指标与研发投入强度均来自 WDI 数据库；专利申请与授予数，来自世界知识产权组织数据库 WIPO（World Intellectual Property Organization）。

6.3 实证分析

本章实证分析分四个步骤进行：第一，利用中国与主要贸易伙

---

① EFW 指数用 42 个不同的细分指标，较为全面地测算了世界上 141 个国家 1970 年、1975 年、1980 年、1985 年、1990 年、1995 年、2000～2012 年经济自由度指数，由于实证部分采用 2000～2013 年数据，则 2013 年数据根据各国数据趋势采用 2010～2012 年移动平均法补全。

伴国或地区双边整体服务贸易数据，检验中国整体服务业本地市场效应的存在性；第二，根据服务业功能和要素密集程度两种分类方法，[①] 检验中国服务业分类行业的本地市场效应，前者包括生产性服务业和消费性服务业，后者包括技术与知识密集型服务业、资本密集型服务业与劳动密集型服务业；第三，根据联合国中央产品分类法（united nations provisional central product classification），将服务部门分为运输、旅游、通信、建筑、保险、金融、计算机和信息、版税及许可费服务、其他商业服务、个人文化娱乐服务、别处未提及的政府服务 11 个细分行业，检验分部门服务业出口的本地市场效应；第四，通过更换指标的度量方法进行稳健性检验。

6.3.1　中国整体服务业出口的本地市场效应检验

1. 静态面板的实证分析

利用式（6.1.4）对中国整体服务业出口的本地市场效应进行检验。对固定效应与随机效应做稳健 Hausman 检验发现，拒绝解释变量与扰动项不相关的原假设，限于篇幅，表 6－1 中未列出；个体、时间变量均显著，且调整 R^2 远大于混合 OLS 回归，表明模型拟合更好，故采用双向固定效应模型；进一步检验发现，扰动项存在截面相关、截面异方差和序列相关问题，因而考虑采用 Driscoll 和

---

① 目前，学术界对生产性服务业和消费性服务业的分类还没有统一的标准，不同的分类有可能得到不同的结果。借鉴王恕立和胡宗彪（2012）的分类方法，将运输、建筑、计算机和信息服务、通信、金融、保险、版税及许可费服务、其他商业服务归为生产性服务业，将旅游、个人文化和娱乐服务以及别处未提及的政府服务归为消费性服务业。另外，借鉴唐保庆等（2011）的分类方法，根据分部门要素密集程度不同，将计算机和信息服务、金融、保险、通信、版税及许可费服务、个人文化和娱乐服务、其他商业服务、政府服务等划分为技术与知识密集型服务业，将运输服务划分为资本密集型服务业，将旅游、建筑服务划分为劳动密集型服务业。

Kraay 方法估计，并通过 Newey – West 修正标准误，回归结果见表 6 –1。

表 6 –1　服务企业异质性下中国整体服务业出口静态面板估计结果

	（1）	（2）	（3）	（4）	（5）	（6）	（7）	（8）
lnre_gdp	0. 113 ***	0. 220 ***	0. 053 ***	0. 110 ***	0. 057 ***	0. 120 ***	0. 038 **	0. 125 ***
	（4. 33）	（8. 42）	（3. 47）	（3. 12）	（3. 72）	（3. 28）	（2. 75）	（7. 11）
lnre_k	0. 152 *	0. 240 ***	0. 237 **	0. 326 ***	0. 238 **	0. 338 ***		
	（2. 00）	（3. 73）	（2. 51）	（6. 53）	（2. 65）	（6. 81）		
lnre_ineq			1. 019 **	0. 933 ***	1. 006 **	0. 878 ***	1. 008 ***	0. 855 ***
			（2. 94）	（3. 68）	（2. 94）	（3. 19）	（3. 03）	（3. 85）
lnre_lib					0. 177 *	0. 176 *	0. 181 **	0. 171 *
					（2. 07）	（1. 82）	（2. 32）	（1. 76）
lnre_tech							0. 408 ***	0. 355 ***
							（4. 09）	（3. 54）
常数项	0. 379	0. 597 **	0. 111	0. 501 *	0. 128	0. 530 **	0. 398	0. 499 **
	（1. 70）	（2. 16）	（0. 46）	（2. 07）	（0. 53）	（2. 40）	（1. 56）	（2. 17）
R²	0. 0649	0. 5361	0. 1192	0. 5496	0. 1237	0. 5537	0. 1427	0. 5725
F Test	13. 39	2711. 94	12. 82	1087. 65	17. 93	934. 36	25. 53	1844. 67
	[0. 0007]	[0. 0000]	[0. 0004]	[0. 0000]	[0. 0000]	[0. 0000]	[0. 0000]	[0. 0000]
国家/时期	否	是	否	是	否	是	否	是
观测值数目①	488	488	488	488	488	488	488	488

注：（ ）内为 t 统计量，[ ] 内为检验统计量的 P 值，*** 、** 、* 分别表示在 1% 、5% 、10% 的水平上显著。表 6 –1 中，相对技术差异变量 lnre_tech 采用相对服务业生产率指标来衡量，由于该指标与相对要素禀赋 lnre_k 相关系数达 0. 9723，为了减少共线性问题，这两个变量没有同时放在同一模型中进行回归。

资料来源：作者采用 Stata 13. 1 软件回归而得。表 6 –2 ~ 表 6 –10 同。

---

① 由于数据的可得性，本书数据为非平衡面板数据。陈强（2014）认为，非平衡面板数据并不影响计算离差形式的组内估计量，因此，固定效应模型估计可以照样进行。对于随机效应模型，非平衡面板数据也没有实质性的影响。

表6-1结果显示，中国服务业出口具有本地市场效应。模型（1）~模型（8）中，lnre_gdp 的系数均大于0，且为正显著，说明相对市场规模每增长1%，将促进中国整体服务业相对出口增长0.053%~0.220%，表明中国服务业出口存在本地市场效应。随着中国经济的快速发展，人均收入水平不断提高，服务需求弹性越来越大，服务消费逐渐成为生活必需品。从服务业增加值来看，服务业增加值从2000年的3.87万亿元增长到2014年的30.67万亿元，年均增长率达15.94%，增加值比重也从2000年的39.0%增长到2014年的48.2%。中国服务业市场规模不断扩大，内部规模经济和外部规模经济降低了生产成本，提高了生产效率和生产的差异化，有利于促进服务业出口。

要素禀赋增强有利于促进服务业出口增加。lnre_k 的系数均大于0，且为正显著，说明相对要素禀赋每增长1%，将促进中国服务业相对出口增长0.152%~0.338%，表明资本密集度越高越有利于增加出口。比较 lnre_gdp 与 lnre_k 的大小可以发现，比较优势增强对服务业出口的促进作用大于市场规模扩大的本地市场效应的促进作用，这一结论与阚大学和吕连菊（2014）相同。这一结果解释了在劳动力成本上升和物价上涨、原材料短缺等带来的生产成本上升与传统比较优势逐渐消失的背景下，以规模经济为特征的本地市场效应已成为中国服务业出口的重要动力源泉，因此应继续贯彻落实"十二五"规划中以扩大内需来加快转变经济发展方式的战略思路。

服务业出口存在需求结构作用的本地市场效应。lnre_ineq 的系数均大于0，且为正显著，表明需求结构作用的本地市场效应促进了中国服务业的出口。自改革开放以来，中国经济实现了年均9.9%的高速增长，人均 GDP 也从2000年的7858元增长到2013年的41908元，年均增长率达13.74%，远高于世界同期5.25%的年均增长率，随着人均收入水平的不断提高，高收入群体数量不断增多且收入差距拉大，服务消费的收入弹性大幅度上升，同时对多样化和差异化的服务需求增加，替代弹性减少，从而促使服务业出口存在需求结构作用的本地市场效应。

服务贸易开放和技术水平提高作为"加速器"促进了服务业出口增加。lnre_lib 与 lnre_tech 系数均呈正显著相关，这一结论与黄等（Huang et al.，2013）一致，该文认为自由贸易下，一国的技术优势越大，越有利于从自由贸易中获利，增加企业数量，并获取更大比例的差异性产品市场，从而增加出口。裴长洪和杨志远（2012）认为，作为制度变革的核心，服务市场开放通过技术转移和要素再配置两个途径对服务业增长产生正面影响。鲍德温等（Baldwin et al.，2003）发现，区域服务贸易自由化会改变区域内外产业的空间分布，并提出双层本地市场效应，即第一层本地市场效应是区域贸易协定签订后，区外产业向区内转移，形成贸易创造效应；第二层本地市场效应是区域内产业从小规模市场国家转移到大规模市场国家（钱学锋，熊平，2009）。目前，中国在建自由贸易区达 20 个，涉及 32 个国家或地区，区域服务贸易自由化过程中通过商业存在和自然人流动等方式形成的外溢效应、示范效应和竞争效应等机制，有利于提高中国服务业的技术水平，促使中国服务投资规则与世界对接，构建一体化的营商环境，减少或消除跨境交易中的机制性障碍，降低贸易成本，扩大服务贸易出口。

2. 动态面板的实证分析

服务业出口从长期来看是个动态过程，既受当前因素的影响，也与过去因素有关。因而，考虑在模型中加入被解释变量的滞后项，并进一步采用系统 GMM 方法再次估计和检验，结果见表 6 - 2。模型（1）～模型（6）中的 Hansen 过度识别约束检验均不拒绝原假设，说明所有工具变量均有效；Arellano - Bond 差分后的 AR（1）检验均拒绝原假设，而 AR（2）检验均不拒绝原假设，说明差分后的残差存在一阶自相关，但不存在二阶自相关，表明模型设定合理。

表6－2　服务企业异质性下中国整体服务业出口动态面板估计结果

	(1)	(2)	(3)	(4)	(5)	(6)
L. lnre_ex	0.428 ***	0.428 ***	0.420 ***	0.439 ***	0.436 ***	0.521 ***
	(14.92)	(15.09)	(15.74)	(15.61)	(17.62)	(23.69)
lnre_gdp	0.303 ***	0.256 **	0.253 **	0.205 **	0.277 ***	0.108 **
	(2.69)	(2.33)	(2.46)	(2.36)	(5.45)	(2.25)
lnre_k	0.346 **	0.396 ***				2.294 ***
	(2.21)	(2.68)				(3.09)
lnre_ineq	0.304 *	0.379 **		0.503 ***	0.885 ***	0.919 ***
	(1.87)	(2.25)		(2.90)	(4.75)	(5.75)
lnre_lib		0.147 ***		0.149 ***	0.067 *	0.119 *
		(4.07)		(4.61)	(1.80)	(1.72)
lnre_tech			0.613 ***	0.738 ***	0.279 ***	0.266 ***
			(3.21)	(4.02)	(10.73)	(6.92)
常数项	0.016	0.624	0.564	1.615 **	− 1.018 ***	− 0.612 ***
	(0.02)	(0.91)	(0.92)	(2.53)	(− 4.03)	(− 3.11)
Wald Test	10656.33	18935.49	6884.48	27536.93	7313.38	1441.05
	[0.0000]	[0.0000]	[0.0000]	[0.0000]	[0.0000]	[0.0000]
Hansen Test	26.33	23.79	29.14	28.05	26.03	29.42
	[0.2855]	[0.4156]	[0.1756]	[0.2137]	[0.2994]	[0.1332]
AR (1) Test	0.0141	0.0123	0.0131	0.0126	0.0166	0.0041
AR (2) Test	0.4512	0.4417	0.4550	0.4418	0.1617	0.1671
国家/年份	是	是	是	是	是	是
观测值数目	488	488	488	488	488	488

注：( ) 内为 t 统计量；[ ] 内为检验统计量的 P 值；*** 、** 、* 分别表示在 1%、5%、10%的水平上显著；模型 (3)～模型 (4) 采用服务业生产率衡量技术水平，模型 (5)～模型 (6) 采用每百万人专利申请数衡量技术水平，由于前者与要素禀赋变量相关性较大，后者相关性较小，故后者可以与要素禀赋同时放在一个模型中进行回归，后文中若无具体说明，均采用该指标来衡量。

由表 6 - 2 可知，滞后一期相对出口系数均在 5% 水平下通过了显著性检验，正向显著关系表明服务业相对出口表现出明显的惯性特征。相对市场规模、相对要素禀赋系数均大于 0，且为正显著，表明市场规模作用的本地市场效应促进了中国服务业的出口，且要素禀赋对服务业出口的促进作用大于市场规模作用的本地市场效应的促进效应。相对需求结构、相对贸易自由化程度与相对技术水平提高，均显著地促进了中国服务业的相对出口，与上文结论一致，此处不再赘述。

6.3.2 内生性检验

由于本章通过实证分析来检验中国服务业出口的本地市场效应是否存在，因此，需要考虑以下三种可能存在的内生性问题：

第一，反向因果关系。一国内部需求市场的稳定和扩大所带来的规模生产和生产效率改进能够促进服务业的出口，那么，服务业出口的增长能否反向导致市场规模的扩大？答案是反向关系不成立。一方面，由于本章的研究内容是中国相对市场规模对服务业相对出口的影响，而市场规模（GDP）的变化，主要由消费、投资和净出口拉动，净出口主要来自商品贸易。另一方面，从微观层面而言，本地市场规模扩大所带来的规模经济能够降低企业的生产成本和增强产品的差异性程度，进而有利于提升企业的国际竞争力；从产业层面而言，本地市场规模扩大形成的专业化分工与外部规模经济效应，也可能带来行业生产率的提高和生产成本降低，并进一步推动出口的增长。此外，本章也通过实证来验证相对市场规模的外生性，实证结果表明相对市场规模确实为外生变量，说明本章只存在一种因果关系，即一国市场规模的扩大有利于促进服务业出口的增加。

第二，遗漏重要解释变量问题。当模型中遗漏影响服务业出口的其他重要因素时，会导致估计结果有偏。为了尽量解决这一问题，本章选取相对需求结构、相对贸易自由化程度和相对技术差异等可能影响服务业出口的因素作为控制变量，以期尽可能解决遗漏变量造成的回归偏误问题。

第三，随时间、个体变化不可观测的因素。对于该问题的解决，本章采用双向固定效应进行回归，以控制这些因素的影响。总体而言，本章尽可能对面板模型估计中涉及的内生性问题进行详尽处理，使得本章得到的结论相对稳定。

为了对本章可能存在的反向因果关系进行处理，并增强结论的稳健性，考虑选择"相对市场规模"的滞后项作为工具变量进行GMM 估计，并对工具变量进行识别不足、弱识别、过度识别检验，且通过基于差分 Hansen – J 的 C 统计量来检验相对市场规模是否为内生变量。由于前文检验得出扰动项为非球形扰动，则考虑基于差分 Hansen – J 的 C 统计量替代 Hausman 统计量对相对市场规模变量进行内生性检验。回归结果见表 6 – 3。

表6 –3　　　　　　　　　GMM 估计与内生性检验

	（1）	（2）	（3）	（4）	（5）	（6）
lnre_gdp	0. 229 ***	0. 154 ***	0. 200 ***	0. 162 ***	0. 084 *	0. 080 *
	（4. 66）	（2. 99）	（3. 79）	（3. 22）	（1. 83）	（1. 75）
lnre_k	0. 399 ***	0. 451 ***		0. 355 ***		4. 820 *
	（4. 56）	（5. 20）		（3. 06）		（1. 66）
lnre_ineq		0. 606 ***		0. 510 **	0. 391 **	0. 397 **
		（2. 74）		（1. 96）	（2. 06）	（2. 12）
lnre_lib			1. 352	1. 230	1. 319 **	1. 779 **
			（1. 55）	（1. 25）	（2. 05）	（2. 52）
lnre_tech			0. 521 ***		0. 476 ***	0. 536 ***
			（3. 34）		（8. 50）	（8. 68）

	(1)	(2)	(3)	(4)	(5)	(6)
常数项	0.734**	0.696**	0.939***	0.713**	0.165	−0.207
	(2.47)	(2.29)	(2.93)	(2.33)	(0.95)	(−0.92)
Centered R^2	0.6336	0.6392	0.6422	0.6422	0.6806	0.6919
F 统计量	41.40	39.70	44.11	36.76	45.90	36.92
不可识别检验	52.127	42.763	53.500	44.339	51.454	50.083
	[0.0000]	[0.0000]	[0.0000]	[0.0000]	[0.0000]	[0.0000]
弱识别检验	290000	160000	240000	170000	160000	160000
过度识别约束检验	0.775	0.426	1.040	0.316	2.953	0.292
	[0.3786]	[0.5138]	[0.3079]	[0.5739]	[0.0857]	[0.5887]
内生性检验	1.338	0.606	0.521	0.605	0.014	0.513
	[0.2474]	[0.4362]	[0.4706]	[0.4365]	[0.9070]	[0.4738]
国家/年份	是	是	是	是	是	是
观测值数目	488	488	488	488	488	488

注：（ ）内为 t 统计量，［ ］内为检验统计量的 P 值，***、**、* 分别表示在 1%、5%、10% 的水平上显著；模型（6）采用每百万人申请专利数来衡量技术水平，由于该衡量方法与相对要素禀赋相关性不大，因而可以同时放在一个模型中进行估计。

对比表 6-1 双向固定效应回归发现，表 6-3 中使用工具变量的 GMM 回归结果并没有显著差异。对工具变量的不可识别 KP rk LM 检验拒绝了原假设，说明检验的内生变量相对于工具变量可识别，弱识别 KP rk Wald F 检验均大于给定显著性水平下的临界值，表明工具变量在解释相对市场规模时不存在弱工具变量问题；Hansen J 统计量的过度识别约束检验没有拒绝原假设，说明模型设定合理；差分 Hansen-J 的 C 统计量的内生性检验没有拒绝原假设，表明相对市场规模变量为外生变量。上述检验充分表明，相对市场规模与服务业相对出口之间的正向关系的确是一种因果关系：一国相对市场规模的扩大，有利于促进服务业相对出口增加。

6.3.3　中国分类型服务业出口的本地市场效应检验

由于服务行业存在构成多样、性质差异和目标多元等复杂性，并且，各行业的资源禀赋、技术水平和市场开放水平存在差异，收入分配不均等也带来消费结构与偏好变化，那么，在参与区域服务贸易自由化进程中，不同类型服务行业的本地市场效应是否又存在差异呢？

对不同类型服务行业出口的本地市场效应的检验结果，见表6 - 4。各模型中的 AR（1）、AR（2）与 Hansen 检验结果表明，模型设定合理。估计结果也显示，各类型服务行业相对出口的滞后一期系数均呈正向显著，表明分类型服务行业相对出口表现出明显的惯性特征。

表 6 – 4　　　　服务企业异质性下中国分类型服务业
出口的本地市场效应检验

	按功能或中间需求率分类		按部门要素密集度分类		
	生产性 服务业	消费性 服务业	技术与知识密 集型服务业	资本密集 型服务业	劳动密集 型服务业
L. lnre_ex	0.394 *** (51.55)	0.418 *** (54.42)	0.362 *** (50.91)	0.646 *** (145.40)	0.453 *** (64.07)
lnre_gdp	0.203 *** (9.35)	− 0.402 *** (− 12.15)	0.676 *** (13.34)	0.034 ** (2.08)	− 0.124 *** (− 5.89)
lnre_k	3.708 *** (15.17)	− 0.424 *** (− 5.99)	− 1.373 *** (− 20.26)	0.046 ** (1.98)	1.199 *** (10.99)
lnre_ineq	1.583 *** (25.41)	1.677 *** (11.75)	0.969 *** (11.43)	− 1.263 *** (− 21.97)	0.434 *** (5.27)

	按功能或中间需求率分类		按部门要素密集度分类		
	生产性 服务业	消费性 服务业	技术与知识密 集型服务业	资本密集 型服务业	劳动密集 型服务业
lnre_lib	0.198 *** (8.48)	0.093 *** (4.34)	0.084 *** (2.90)	− 0.089 *** (− 9.52)	0.076 ** (2.33)
lnre_tech	0.209 *** (29.96)	0.244 *** (18.42)	0.404 *** (46.44)	0.150 *** (88.46)	− 0.364 *** (− 9.87)
常数项	− 1.463 *** (− 15.56)	− 1.055 *** (− 3.73)	− 5.696 *** (− 21.19)	0.974 *** (10.82)	2.880 *** (7.37)
Wald Test	25135.54 [0.0000]	10613.53 [0.0000]	6419.18 [0.0000]	431296.53 [0.0000]	12099.59 [0.0000]
Hansen Test	33.73 [0.4810]	29.38 [0.6936]	27.87 [0.7615]	26.74 [0.5323]	25.71 [0.8456]
AR（1）Test	0.0134	0.0140	0.0146	0.0491	0.0048
AR（2）Test	0.9323	0.1830	0.7955	0.3079	0.3425
国家/年份	是	是	是	是	是
观测值数目	409	381	383	366	359

注：（ ）内为 t 统计量；［ ］内为检验统计量的 P 值；*** 、** 、* 分别表示在 1% 、5% 、10% 的水平上显著。

就生产性服务业和消费性服务业而言，生产性服务业 lnre_gdp 系数呈正向显著相关，消费性服务业 lnre_gdp 系数呈负向显著相关，表明中国生产性服务业出口具有本地市场效应，而消费性服务业出口不具有本地市场效应，也证实了理论模型部分的结论。生产性服务业的飞速发展，是近年来服务贸易加快发展的重要原因，在服务贸易中生产性服务占有 2/3 以上的比重，尤其是通信、金融、保险等服务业，具有进入门槛高、高度专业化和规模报酬递增等特征，存在明显的出口规模效应（江小涓，2008；Jensen，Tarr，2012）。生产性服务业 lnre_k 系数呈现正向显著相关，消费性服务业 lnre_k 系数呈负向显著相关，表明资本要素禀赋提高有利于促进生产性服务业出口，而劳动力要素禀赋提高有利于增加消费性服务业出口，这主要是因为生产性服务业主要是技术知识与资本密集型行业，消费性服务业主要是劳动密集型行业，这也在一定程度上说明内需市场规模扩大更多地促进了生产性服务业的发展，优化了中国服务业的出口结构。lnre_ineq、lnre_lib、lnre_tech 系数均为正显著，表明需求结构作用的本地市场效应、贸易自由化和技术水平提高，均有利于促进中国生产性和消费性服务业的出口。服务业市场开放有利于促使要素在国家或地区之间流动，服务业 FDI 能够改变服务生产的布局，推动产业内贸易发展，为满足不同需求结构的消费者提供保障。詹森和塔尔（Jensen，Tarr，2012）认为，服务业市场开放与制度变革有利于发展中国家实现本国服务业和服务贸易的"非线性飞跃"。在信息网络化下，人们对服务的便捷、质量要求更高，技术优势增强同时改善了生产性服务业和消费性服务业的生产效率。

就不同要素密集程度而言，技术知识密集型与资本密集型服务业均表现出市场规模作用的本地市场效应，且前者本地市场效应表现更强，而劳动密集型服务业不具有本地市场效应，进一步证实了理论模型部分的结论。这主要是由于前两种服务业更需要依托市场来集聚上下游产业和人力资本，实现规模经济和集聚效应。运输业等资本密集型服务业 lnre_ineq 系数呈负向显著，表明运输业并没有形成需求结构作用的本地市场效应；lnre_lib 系数也呈负显著，表明贸易自由化对运输业出口具有一定的弱化作用，这主要是因为国内运输业一体化程度较低，各种障碍和限制较多，导致交易成本和运输成本较高，物流服务业等国际竞争力不高，市场开放后，发达国家优势服务业对中国服务市场产生了挤出效应。资本密集型服务业与劳动密集型服务业 lnre_k 系数均为正显著，表明资本要素密集度越高，越有利于促进资本密集型服务业出口，同时，随着人们收入水平提高，对旅游交通工具、配套娱乐与建筑设施要求越来越高，资本密集度提高也促进了旅游、建筑等劳动密集型服务业的出口增加。技术知识密集型服务业 lnre_tech 系数呈正显著，表明相比资本要素，技术知识密集型服务业更多依靠提升人力资本与研发技术水平来增长；技术水平提高也促进了资本密集型服务业出口，但未对劳动密集型服务业起到促进作用，原因可能是劳动密集型服务业出口对技术要求较低。唐保庆等（2012）在研究服务出口促进经济增长的作用机制时发现，技术知识密集型服务业比资本和劳动密集型服务业对经济增长具有更显著的要素配置效应和技术溢出效应。可见，优化服务业结构、提高技术水平、增强核心竞争力，是未来中国服务业发展的必然选择。

6.3.4 中国分部门服务业出口的本地市场效应检验

鉴于各服务部门存在异质性这一特征，本章也对服务业细分行业出口的本地市场效应进行检验，结果见表 6 - 5。各模型中 AR（1）、AR（2）与 Hansen 检验结果表明模型设定合理。除建筑、通信、金融外，其他分部门服务业相对出口的滞后一期系数均呈正向显著，表明大多数服务业细分行业出口表现出明显的惯性特征。

从表 6 - 5 的回归结果可以看出，中国分部门服务业出口的本地市场效应存在差异。具体来看，首先，运输、建筑、通讯、金融、保险、计算机信息和政府服务 lnre_gdp 系数均在 5% 水平下显著为正，表明这些服务业出口存在明显的本地市场效应。随着中国经济的快速增长，人们对这些服务的需求大幅度增加，从而促使这些行业的国内市场需求规模不断扩大，规模经济降低了企业的生产成本，提升了行业生产率，进而促进了出口增加。其次，从这些行业的 lnre_k 系数可知，资本密集程度越高，越有利于促进运输、建筑、通讯、计算机信息服务业的出口，且这些行业 lnre_k 系数大于

表6-5 服务企业异质性下中国分部门服务业出口的本地市场效应检验

	运输	旅游	建筑	通信	金融	保险	计算机和信息	版税及许可费	个人、文化和娱乐	其他商业服务	政府服务
L.lnre_ex	0.646***	0.666***	-0.133***	-0.058**	0.001	0.402***	0.449***	0.146***	0.094***	0.168***	0.795***
	(145.40)	(41.75)	(-3.44)	(-2.47)	(0.99)	(13.82)	(13.51)	(3.95)	(2.86)	(6.22)	(10.95)
lnre_gdp	0.034**	-0.270***	0.167***	0.848***	0.148***	0.947***	0.406**	-1.341***	-0.648*	-0.264*	0.611**
	(2.08)	(-2.68)	(12.02)	(4.11)	(18.10)	(3.93)	(2.10)	(-4.39)	(-2.21)	(-1.91)	(2.28)
lnre_k	0.046**	0.509***	2.597***	0.959***	-0.235**	-0.846**	0.519***	0.119	0.887*	0.054	-1.280***
	(1.98)	(3.24)	(11.45)	(2.77)	(-2.30)	(-2.13)	(5.19)	(0.33)	(1.95)	(0.26)	(-4.30)
lnre_ineq	-1.263***	1.008***	2.229***	-0.231	-1.022***	-4.068***	-2.151***	3.164***	4.288*	0.892***	-0.587**
	(-21.97)	(6.83)	(2.72)	(-0.40)	(-2.87)	(-3.64)	(-3.78)	(3.91)	(1.92)	(6.74)	(-2.20)
lnre_lib	-0.089***	0.079***	0.670*	0.023	0.193***	0.183**	1.084***	0.204*	-0.422	0.177***	-0.159***
	(-9.52)	(2.82)	(1.70)	(0.17)	(2.36)	(2.21)	(8.19)	(1.68)	(-1.59)	(8.30)	(-5.68)
lnre_tech	0.150***	-0.080*	-2.684***	-0.988***	2.541***	0.039	-0.322**	0.897***	-0.062	0.201***	0.236**
	(88.46)	(-1.85)	(-31.44)	(-4.64)	(18.13)	(0.19)	(-2.51)	(5.92)	(-0.35)	(8.49)	(2.45)
常数项	0.974***	1.251*	5.031***	0.044	4.683***	-1.377	1.909***	-0.837	0.768**	0.579	-4.055***
	(10.82)	(1.86)	(2.72)	(0.04)	(4.04)	(-0.87)	(7.61)	(-0.59)	(2.30)	(0.63)	(-3.48)
Wald Test	431296.53	3879.98	100792.30	122.23	335613.20	4527.86	8356.87	148.14	203.71	4691.78	692.54
	[0.0000]	[0.0000]	[0.0000]	[0.0000]	[0.0000]	[0.0000]	[0.0000]	[0.0000]	[0.0000]	[0.0000]	[0.0000]

	运输	旅游	建筑	通信	金融	保险	计算机和信息	版税及许可费	个人、文化和娱乐	其他商业服务	政府服务
Hansen Test	26.74 [0.5323]	28.98 [0.9995]	15.69 [1.0000]	16.44 [1.0000]	11.77 [1.0000]	14.84 [1.0000]	18.24 [0.9875]	7.16 [1.0000]	14.12 [0.9990]	28.71 [1.0000]	17.34 [1.0000]
AR (1) Test	0.0491	0.0189	0.0237	0.0380	0.0185	0.0118	0.0438	0.0098	0.0354	0.0054	0.0162
AR (2) Test	0.3079	0.4216	0.1632	0.2728	0.3076	0.2996	0.2399	0.1107	0.5790	0.1495	0.3936
国家/年份	是	是	是	是	是	是	是	是	是	是	是
观测值数目	366	311	160	226	208	207	186	174	179	335	216

注：（）内为t统计量；[ ] 内为检验统计量的P值；***、**、*分别表示在1%、5%、10%的水平上显著。

lnre_gdp 系数，表明比较优势增强对服务业出口的促进作用大于市场规模扩大的本地市场效应的促进作用，与上文结论一致；然而，金融和保险业 lnre_k 系数为负显著，但 lnre_tech 系数为正显著，表明中国金融保险业仍然以低人力资本的劳动密集型为主，加快金融保险制度改革，提高技术水平和人力资本，推动业务创新更有利于促进金融和保险业的发展；政府服务部门拥有较高素质的人力资本，更多依靠技术而非资本要素来增长。再次，由 lnre_ineq 系数可知，需求结构作用的本地市场效应弱化了运输、金融、保险、计算机和信息、政府服务的出口，加强了建筑服务的出口。随着高收入群体规模不断增加，对房地产需求逐渐扩大，替代弹性小且收入弹性大，致使建筑服务存在需求结构作用的本地市场效应。最后，由 lnre_lib 系数可知，除运输和政府服务外，贸易自由化促进了建筑、金融、保险、计算机信息服务的出口。服务贸易自由化的过程就是服务业制度变革和服务要素再配置的过程（Markusen，Strand，2009），这有利于提高本国比较优势行业的生产率，从而强化其国际竞争力（Lileeva，Trefler，2010）。

旅游、个人文化娱乐服务、版税及许可费服务和其他商业服务 lnre_gdp 系数均为负显著，表明这些服务业出口不具有本地市场效应。2013 年，国务院办公厅制定了《国民旅游休闲纲要（2013～2020 年)》，明确提出要保障国民旅游休闲时间，落实职工带薪年休假制度。国民休闲计划的提出，为居民出游提供了时间上的保障，同时，港澳自由行的实施，也促进了出境游空前兴盛；而入境游客数反而下降，导致旅游逆差不断加大。2013 年，中国入境游客数比 2012 年减少 203.9 万人次，下降了 3.5%；出境游客与入境游客逆差数从 2010 年的 172.2 万人次增长到 2013 年的 4249.9 万人次。个人文化娱乐服务同旅游业一样，作为消费性服务业同样不具有本地市场效应，这也与上文实证结果对应。同时，版税及许可费服务与其他商业服务专业性强，这些行业高精尖专业化人才较为缺乏，难以形成规模经济效应。lnre_ineq 系数均为正显著，表明需求结构作用的本地市场效应均有利于促进上述服务业的出口。旅游、版税及许可费服务和其他商业服务 lnre_lib 系数均为正显著，表明贸易自由化程度提高有利于加快这些服务业的出口；而个人文化娱乐业 lnre_lib 系数为负但不显著，可能是由于贸易自由化对该行业影响较小。旅游和个人文化娱乐服务 lnre_k 系数均为正显著，而lnre_tech 系数为负，表明较高技术水平而言，资本要素比例提高更有利于促进这两种行业出口；版税及许可费服务与其他商业服务lnre_tech 系数均为正显著，而 lnre_k 系数不显著，表明作为最能体现技术知识密集型特点的生产性服务业，技术水平增强更有利于促进其出口。

6.3.5　本地市场效应交互影响的研究

由理论模型拓展二可知，t 期 i 国对 j 国服务业相对出口对相对市场规模的偏导值，取决于两国的相对要素禀赋、相对收入差距、相对贸易自由化程度（贸易成本）和相对技术差异的共同作用。可见，相对要素禀赋、相对收入差距、相对贸易自由化程度（贸易成本）和相对技术差异可能影响本地市场效应的发挥。因而，我们考虑控制其他变量的情况下，分别将相对市场规模与相对要素禀赋、相对收入差距、相对贸易自由化程度（贸易成本）和相对技术差异的交互项放入实证分析中，受篇幅所限，我们以中国整体服务业、生产性服务业和消费性服务业为研究对象，重点检验交互项的影响，回归结果分别见表 6 - 6、表 6 - 7、表 6 - 8。

表6-6　　中国整体服务业本地市场效应交互项的动态面板估计

	(1)	(2)	(3)	(4)	(5)
L. lnre_ex	0. 521 ***	0. 497 ***	0. 384 ***	0. 508 ***	0. 480 ***
	(23. 69)	(17. 98)	(13. 65)	(12. 00)	(18. 17)
lnre_gdp	0. 108 **	0. 304 ***	0. 612 *	0. 146 ***	0. 155 ***
	(2. 25)	(6. 61)	(1. 93)	(2. 60)	(3. 15)
lnre_k	2. 294 ***		4. 585 ***	3. 150 ***	3. 517 **
	(3. 09)		(3. 83)	(2. 83)	(2. 36)
lnre_ineq	0. 919 ***	1. 058 ***		0. 758 ***	1. 128 ***
	(5. 75)	(5. 10)		(3. 65)	(5. 94)
lnre_lib	0. 119 *	0. 086 **	0. 041 *		0. 049 **
	(1. 72)	(2. 22)	(1. 71)		(2. 48)
lnre_tech	0. 266 ***	0. 241 ***	0. 394 ***	0. 400 ***	
	(6. 92)	(8. 67)	(15. 64)	(10. 92)	
lnre_gdp × lnre_k		0. 078 ***			
		(3. 59)			
lnre_gdp × lnre_ineq			0. 316 ***		
			(7. 19)		
lnre_gdp × lnre_lib				0. 454 **	
				(2. 43)	
lnre_gdp × lnre_tech					0. 116 ***
					(13. 56)
常数项		- 0. 684 **	- 0. 081	0. 274	- 1. 134 ***
		(- 3. 21)	(- 0. 58)	(0. 81)	(- 3. 94)
Wald Test	1441. 05	5373. 88	4105. 56	2094. 01	2313. 38
	[0. 0000]	[0. 0000]	[0. 0000]	[0. 0000]	[0. 0000]
Hansen Test	29. 42	22. 76	25. 38	21. 55	22. 12
	[0. 1332]	[0. 4750]	[0. 1875]	[0. 3657]	[0. 3340]
AR（1）Test	0. 0041	0. 0210	0. 0142	0. 0265	0. 0480
AR（2）Test	0. 1671	0. 4241	0. 1966	0. 4205	0. 2196
N	488	488	488	488	488

注：（ ）内为 t 统计量，[ ] 内为检验统计量的 P 值，***、**、*分别表示在1%、5%、10%的水平上显著。

表 6 - 7   生产性服务业本地市场效应交互项的动态面板估计

	（1）	（2）	（3）	（4）	（5）
L. lnre_ex	0. 319 ***	0. 207 ***	0. 223 ***	0. 322 ***	0. 371 ***
	（16. 39）	（13. 41）	（13. 69）	（12. 63）	（15. 75）
lnre_gdp	0. 280 **	0. 335 ***	0. 320 ***	0. 313 ***	0. 329 ***
	（2. 51）	（5. 07）	（5. 47）	（5. 21）	（5. 96）
lnre_k	10. 260 ***		3. 685 *	7. 483 ***	8. 213 ***
	（4. 28）		（1. 93）	（3. 15）	（4. 06）
lnre_ineq	1. 899 ***	1. 135 ***		1. 063 ***	1. 167 ***
	（5. 25）	（2. 75）		（3. 45）	（4. 16）
lnre_lib	0. 209 *	0. 405 ***	0. 311 *		0. 440 ***
	（1. 75）	（3. 32）	（1. 75）		（3. 29）
lnre_tech	0. 305 ***	0. 215 ***	0. 194 ***	0. 218 ***	
	（5. 57）	（5. 27）	（4. 38）	（6. 44）	
lnre_gdp × lnre_k		0. 773 ***			
		（2. 85）			
lnre_gdp × lnre_ineq			0. 152 **		
			（2. 09）		
lnre_gdp × lnre_lib				0. 0261 *	
				（1. 69）	
lnre_gdp × lnre_tech					0. 074 ***
					（10. 00）
常数项	− 1. 535 *	− 1. 141 ***	− 1. 087 ***	− 1. 811 ***	− 1. 986 ***
	（ − 1. 89）	（ − 2. 65）	（ − 2. 81）	（ − 3. 80）	（ − 5. 06）
Wald Test	2798. 24	7611. 72	24870. 51	12935. 85	30003. 94
	［0. 0000］	［0. 0000］	［0. 0000］	［0. 0000］	［0. 0000］
Hansen Test	25. 67	23. 20	26. 28	20. 28	20. 64
	［0. 8473］	［0. 9941］	［0. 9791］	［0. 5655］	［0. 5429］
AR （1） Test	0. 0199	0. 0256	0. 0041	0. 0131	0. 0122
AR （2） Test	0. 5225	0. 7756	0. 1302	0. 9397	0. 9388
N	409	409	409	409	409

注：（）内为 t 统计量，［］内为检验统计量的 P 值，*** 、** 、* 分别表示在 1% 、5% 、10% 的水平上显著。

表6-8　　　　　消费性服务业本地市场效应交互项的动态面板估计

	（1）	（2）	（3）	（4）	（5）
L. lnre_ex	0. 418 ***	0. 386 ***	0. 371 ***	0. 426 ***	0. 414 ***
	（54. 42）	（42. 15）	（34. 71）	（40. 93）	（56. 43）
lnre_gdp	− 0. 402 ***	− 0. 409 ***	− 0. 599 ***	− 0. 361 ***	− 0. 307 ***
	（− 12. 15）	（− 6. 09）	（− 4. 91）	（− 11. 87）	（− 9. 60）
lnre_k	− 0. 424 ***		− 0. 626 ***	− 0. 499 ***	− 0. 380 ***
	（− 5. 99）		（− 4. 97）	（− 6. 24）	（− 6. 43）
lnre_ineq	1. 677 ***	2. 251 ***		1. 799 ***	1. 626 ***
	（11. 75）	（14. 07）		（18. 02）	（11. 78）
lnre_lib	0. 093 ***	0. 243 ***	0. 080		0. 076 ***
	（4. 34）	（13. 07）	（1. 44）		（3. 48）
lnre_tech	0. 244 ***	0. 325 ***	0. 263 ***	0. 249 ***	
	（18. 42）	（17. 68）	（15. 74）	（14. 89）	
lnre_gdp × lnre_k		− 2. 543 ***			
		（− 14. 27）			
lnre_gdp × lnre_ineq			0. 554 ***		
			（7. 28）		
lnre_gdp × lnre_lib				0. 054 **	
				（2. 40）	
lnre_gdp × lnre_tech					0. 069 ***
					（30. 26）
常数项	− 1. 055 ***	− 0. 423 ***	− 1. 054 *	− 1. 458 ***	− 1. 355 ***
	（− 3. 73）	（− 2. 64）	（− 1. 68）	（− 5. 48）	（− 5. 08）
Wald Test	10613. 53	52886. 37	2767. 99	13843. 16	8921. 82
	［0. 0000］	［0. 0000］	［0. 0000］	［0. 0000］	［0. 0000］
Hansen Test	29. 38	35. 82	26. 64	32. 83	28. 86
	［0. 6936］	［0. 3376］	［0. 2715］	［0. 5248］	［0. 7175］
AR （1） Test	0. 0140	0. 0069	0. 0209	0. 0151	0. 0158
AR （2） Test	0. 1830	0. 2482	0. 1992	0. 1964	0. 1927
N	381	381	381	381	381

注：（ ）内为 t 统计量，［ ］内为检验统计量的 P 值，***、**、*分别表示在1%、5%、10%的水平上显著。

由表 6-6、表 6-7、表 6-8 可知，加入交互项后，中国整体服务业、生产性服务业仍具有本地市场效应，而消费性服务业不具有本地市场效应。具体来看，中国整体服务业和生产性服务业的相对市场规模与相对要素禀赋的乘积项 lnre_gdp × lnre_k 在 5% 的水平下显著为正，表明资本要素禀赋越丰裕，中国整体服务业和生产性服务业本地市场效应越强；而消费性服务业 lnre_gdp × lnre_k 在 5% 的水平下显著为负，表明劳动要素禀赋越丰裕，越有利于促进劳动密集型服务业出口增加。就比较优势和本地市场效应的作用大小相比来看，前者的促进作用更大。

就相对市场规模与相对需求结构的交互项 lnre_gdp × lnre_ineq 而言，随着中国平均收入水平不断提高，收入差距拉大和高收入群体数量不断增加，对生产性服务业需求不断增加，且多样化需求倾向难以被替代，收入弹性较大，因而需求结构强化了生产性服务业的本地市场效应；而由于消费性服务业的需求偏好更强，但消费性服务业不具有本地市场效应，故需求结构也进一步强化了消费性服务业的进口需求。

就相对市场规模与相对贸易自由化程度、相对技术差异的交互项 lnre_gdp × lnre_lib、lnre_gdp × lnre_tech 来看，无论是生产性服务业还是消费性服务业，服务贸易开放度提高和技术水平增强均作为加速器促进了生产性服务业和消费性服务业出口的增加，进而强化了中国整体服务业本地市场效应的发挥。

由此，我们可以推断出，如果制定相关的合理政策优化服务业贸易结构，促进中国生产性服务业贸易的发展，更深层次地融入全球区域服务贸易自由化，加快技术水平的提高，将更容易实现由扩大内需来促进外贸的政策目标。

6.3.6 稳健性检验

为了确保前文实证研究结果的可靠性，本章接下来将通过更换指标的度量方法来进行稳健性检验。由于篇幅所限，本章以中国整体服务业、生产性服务业、消费性服务业为例进行研究，结果见表6-9、表6-10。表6-9中的模型（1）、模型（2）分别采用研发投入强度、每百万人口专利授予数来衡量技术水平，表6-10中采用基尼系数来衡量收入分配不平等程度。各模型中，AR（1）、AR（2）与 Hansen 检验结果表明模型设定合理。

表6-9 更换技术水平测度的稳健性检验

	整体服务业		生产性服务业		消费性服务业	
	（1）	（2）	（1）	（2）	（1）	（2）
L. lnre_ex	0. 430 ***	0. 443 ***	0. 367 ***	0. 390 ***	0. 418 ***	0. 414 ***
	（58. 91）	（49. 51）	（46. 80）	（61. 48）	（76. 91）	（44. 81）
lnre_gdp	0. 208 ***	0. 355 ***	0. 403 ***	0. 427 ***	- 0. 358 ***	- 0. 272 ***
	（6. 80）	（13. 79）	（14. 13）	（27. 01）	（ - 8. 49）	（ - 5. 80）
lnre_k	2. 081 ***	1. 895 ***	2. 862 ***	2. 931 ***	- 0. 182 **	- 0. 311 ***
	（6. 29）	（9. 15）	（9. 09）	（21. 13）	（ - 2. 27）	（ - 3. 65）
lnre_ineq	0. 406 ***	0. 402 ***	1. 118 ***	0. 822 ***	1. 515 ***	1. 555 ***
	（8. 10）	（8. 43）	（32. 08）	（8. 68）	（14. 08）	（10. 62）
lnre_lib	0. 160 ***	0. 126 ***	0. 158 ***	0. 134 ***	0. 054 ***	0. 075 ***
	（5. 68）	（4. 99）	（6. 07）	（3. 90）	（2. 71）	（3. 38）
lnre_tech	0. 580 ***	0. 064 ***	0. 096 **	0. 372 ***	0. 272 ***	0. 073 ***
	（10. 31）	（4. 43）	（1. 99）	（13. 04）	（3. 80）	（4. 89）
常数项	- 0. 875 ***	- 1. 058 ***	- 1. 838 ***	- 1. 800 ***	- 0. 688 **	- 1. 161 ***
	（ - 6. 81）	（ - 9. 30）	（ - 18. 28）	（ - 21. 37）	（ - 2. 05）	（ - 4. 15）

续表

	整体服务业		生产性服务业		消费性服务业	
	(1)	(2)	(1)	(2)	(1)	(2)
Wald Test	15066.40 [0.0000]	12588.81 [0.0000]	142038.29 [0.0000]	13419.06 [0.0000]	28595.82 [0.0000]	59199.31 [0.0000]
Hansen Test	35.06 [0.3708]	33.13 [0.4611]	35.40 [0.4019]	34.76 [0.4315]	29.76 [0.6754]	30.43 [0.6431]
AR (1) Test	0.0066	0.0056	0.0147	0.0076	0.0128	0.0135
AR (2) Test	0.5378	0.4938	0.9863	0.8788	0.1714	0.1769
国家/年份	是	是	是	是	是	是
样本数	488	488	409	409	381	381

注：( ) 内为 t 统计量；[ ] 内为检验统计量的 P 值；***、**、* 分别表示在 1%、5%、10% 的水平上显著。

表 6 - 10 　　　　　　更换需求结构测度的稳健性检验

	整体服务业	生产性服务业	消费性服务业
L. lnre_ex	0.507 *** (25.04)	0.366 *** (43.56)	0.401 *** (52.30)
lnre_gdp	0.129 *** (2.76)	0.279 *** (15.17)	- 0.227 *** (- 2.59)
lnre_k	2.329 *** (3.42)	3.229 *** (11.84)	- 0.525 *** (- 3.95)
lnre_ineq	1.582 *** (5.25)	1.081 *** (13.50)	1.948 *** (10.22)
lnre_lib	0.117 ** (1.96)	0.105 *** (6.28)	0.033 ** (2.11)
lnre_tech	0.274 *** (7.15)	0.144 *** (12.90)	0.190 *** (9.01)
常数项	- 0.485 ** (- 2.65)	- 0.984 *** (- 12.62)	- 1.297 ** (- 2.46)

	整体服务业	生产性服务业	消费性服务业
Wald Test	978.83	108136.87	20646.47
	[0.0000]	[0.0000]	[0.0000]
Hansen Test	25.51	36.39	28.92
	[0.2732]	[0.3580]	[0.7149]
AR (1) Test	0.0038	0.0141	0.0140
AR (2) Test	0.1302	0.8749	0.1512
国家/年份	是	是	是
样本数	488	409	381

注：（ ）内为 t 统计量；［ ］内为检验统计量的 P 值；***、**、* 分别表示在 1%、5%、10% 的水平上显著。

从表 6–9、表 6–10 的结果来看，当更换衡量技术水平和需求结构的度量方法后，在考虑所有控制变量的情况下，中国整体服务业、生产性服务业相对规模与相对出口之间的正向关系仍然显著，消费性服务业相对规模与相对出口之间负向关系也仍然显著，表明中国整体服务业与生产性服务业出口存在本地市场效应，而消费性服务业出口不存在。此外，其他控制变量回归结果均与前文完全一致，显示了较好的稳健性，进一步证实了本章实证研究结果的可靠性。

6.4　本章小结

本章通过引入服务企业异质性假设，在产业垂直关联下构建了两国框架下的异质性服务企业贸易模型，从理论上证明了本地市场效应的存在及条件；同时，本章提出了一个融合相对市场规模、要素禀赋、需求结构、贸易自由化程度和技术差异的检验模型，从中国整体服务业、按功能与要素密集度分类服务业与分部门服务业这三个层面检验了中国服务业出口本地市场效应的存在性，为中国服务业出口在服务全球化背景下寻求与构建新型比较优势提供了一个全新的解释维度。本章主要结论如下：

第一，中国整体服务出口存在着显著的本地市场效应。

服务产品内需市场的扩大会对出口产生促进作用，交互项检验发现，增加资本要素禀赋比例、高收入群体数量、提高服务贸易开放水平和技术水平也会对出口产生积极影响，并有利于增强本地市场效应的发挥。就本地市场效应与比较优势作用大小来看，比较优势对服务业出口的促进作用要大于本地市场效应。内生性检验发现，中国相对市场规模是外生变量，相对市场规模与相对出口之间只存在一种因果关系，即一国市场规模的扩大有利于促进服务业出口的增加。可见，通过培育内需市场，有利于充分发挥服务业发展的规模经济效应，可以实现中国服务贸易发展的战略目标。

第二，分类型与分部门服务业出口的本地市场效应存在差异性。

就服务功能而言，生产性服务业出口存在本地市场效应，而消费性服务业不存在本地市场效应；就要素密集程度而言，技术知识服务业与资本密集型服务业存在本地市场效应，而劳动密集型服务业不存在。就分部门服务业而言，运输、建筑、通讯、金融、保险、计算机信息和政府服务具有本地市场效应，而旅游、个人文化娱乐服务、版税及许可费服务和其他商业服务不具有本地市场效应。

第7章

结论与政策建议

7.1　主要研究结论

在服务全球化背景下，中国正与 32 个国家和地区建立 20 个自贸区，积极参与全球服务贸易协议，并依托劳动力资源优势的出口导向型增长模式，服务业出口规模不断扩张，行业结构也不断优化，成为世界第五大服务贸易出口国。然而，受金融危机爆发以来的欧美经济发展不景气，中国国内企业税负重，劳动力成本、物价不断上升和原材料短缺等带来的融资成本和生产成本上升，导致中国服务业发展面临外需不足和成本增加的双重困境，粗放式贸易增长方式难以为继。在此背景下，本书尝试探索中国服务业持续、健康发展的内在动力机制，并试图回答以下问题：第一，除比较优势以外，本地市场规模的持续扩大，是否也是形成中国服务业出口竞争力的重要因素？第二，需求结构的差异，是否会对中国服务业出口产生影响？第三，在参与区域服务贸易自由化进程中，具有不同资源禀赋和技术水平异质性的服务行业，其本地市场效应是否存在着差异？对这些问题的回答，本书首先在理论层面上探究其内在的逻辑联系，然后构建计量模型，利用中国与主要贸易伙伴的双边服务贸易数据，从实证上进行经验验证。本书的研究在理论分析和实证分析两个方面分别得到以下结论：

理论分析方面：

第一，在基于非位似偏好拓展的模型中，首先，放松位似偏好假设，将 CD－CES 效用函数与 Stone－Geary 偏好结合，然后，将反映非位似偏好的需求结构引入服务业出口贸易模型中，进而将总需求分解为需求规模与需求结构，并分离出不同收入群体对分类型服务业的差异化需求，最后，在经典本地市场效应模型基础上模拟了服务业本地市场效应的存在性，深层次地洞悉了需求规模与需求结构对服务业出口的共同作用机制，结果发现相对总需求是相对需求规模与相对需求结构的增函数，当本国相对需求规模和相对需求结构均较大时，两者相互强化，从而导致了服务业的本地市场效应；当本国相对需求规模较大，相对需求结构较小时，相对需求规模起主要作用，最终同样促使本国生产提供超额比例的服务品，导致本地市场效应存在。

第二，在基于服务企业异质性贸易的模型中，放松服务企业同质性假设，引入服务企业异质性假设，并在产业关联基础上构建了两国框架下的服务企业贸易模型，对本地市场效应的存在及条件进行了理论推导，结果发现服务业的本地市场效应是否成立，取决于两国的资源禀赋比较优势、技术差异、服务贸易自由度、消费者相对需求偏好等因素的影响。

实证分析方面，本书采用中国与 41 个主要贸易伙伴的服务业双边贸易面板数据，通过构建对应理论模型的三个实证模型，检验了中国服务业出口的本地市场效应。结果发现：

第一，中国整体服务出口存在着显著的本地市场效应。

服务产品内需市场的扩大，会对出口产生促进作用，增加资本要素禀赋比例、高收入群体数量、提高服务贸易开放水平和技术水平也会对出口产生积极影响，并有利于增强本地市场效应的发挥。就本地市场效应与比较优势作用大小来看，比较优势对服务业出口的促进作用要大于本地市场效应。内生性检验发现，中国相对市场规模是外生变量，相对市场规模与相对出口之间只存在一种因果关系，即一国市场规模的扩大有利于促进服务业出口的增加。面板门槛回归结果发现，当相对市场规模越大时，需求结构对本地市场效应的强化效应越大。

第二，分类型与分部门服务业出口的本地市场效应存在差异性。

就服务功能而言，生产性服务业具有需求规模和需求结构作用的本地市场效应，而消费性服务业仅表现出需求结构作用的本地市场效应；无论是生产性服务业还是消费性服务业，当相对市场规模越大时，需求结构强化本地市场效应的作用越显著。就要素密集程度而言，技术知识密集型服务业与资本密集型服务业存在本地市场效应，而劳动密集型服务业不存在。就分部门服务业而言，运输、建筑、通讯、金融、保险、计算机信息和政府服务具有本地市场效应，而旅游、个人文化娱乐服务、版税及许可费服务和其他商业服务不具有本地市场效应。

7.2　政策建议

7.2.1　政府层面

1. 扩大内需，开发和培育国内消费市场，加快推进服务业市场开放

积极培育内需市场，改变过度依赖外部市场的发展模式，充分

发挥服务业发展的规模经济效应，加快中国服务贸易发展战略目标的实现。具体来讲，在政府宏观政策上，应加大鼓励各类内需增长的政策力度，加快服务市场开放步伐；在结构政策上，把促进服务业发展放在更重要的地位，积极扩大居民消费需求，增强人力资本和研发技术水平。在服务全球化的背景下，努力实现扩大内需、促进服务业出口和提高竞争力的政策协同效应。

2. 注重生产性服务业的发展，优化服务业出口贸易结构

由实证分析可知，生产性服务业尤其是技术知识密集型生产服务业具有更明显的本地市场效应，这一发现也为利用好本地市场效应这一机制加快中国生产性服务业重点和薄弱环节发展促进服务业和服务贸易结构调整升级指明了方向。即通过实施促进制造业转型升级、加快产业结构调整和深化服务业制度创新等政策，加快人才和技术等服务业重点和薄弱环节的有效供给，扩大金融、保险、计算机和信息、物流等高附加值服务业的市场需求，形成现代服务业的规模经济优势，进而提高自主知识产权和服务业附加值，从而加快中国服务业和服务贸易的结构调整。

3. 调整收入分布，优化需求结构

新常态下，中国总体经济规模增速放缓，收入差距水平不断扩大。从本书理论和实证研究发现，需求结构对中国服务业出口贸易发挥着重要作用，尤其是对消费性服务业作用更为显著。中国中低收入群体人口众多，如果能够增加这部分群体的收入水平，必定会释放巨大的消费潜力，扩大内需。因此，政府应进一步出台提高最低工资水平、积极发展信贷服务、加大转移支付力度等措施来增加中低收入群体的收入水平，调整收入分布结构，为中国服务贸易发展增添新的活力。

2. 企业层面

企业应不断增强自主研发创新能力，提供多样化差异性服务，实现规模经济效益。由本书的分析表明，提高技术水平有利于加快中国服务业出口增长。因此，国内企业应注重利用全球性技术资源来提高自主研发创新能力，增强对外来高新技术的消化和吸收能力，强化国内市场的技术溢出效应。

同时，企业应进一步加大与高校和科研机构的合作力度，构建和完善创新合作平台，充分发挥高校和科研机构的研发优势，在发展企业核心产业的基础上加快对差异化创新服务的提供，拓展和加大服务品需求市场规模，降低生产成本和交易成本，实现规模经济和范围经济，提高整体服务业部门的协同效率，进而形成企业自身的竞争优势，提升竞争力。

7.3　研究局限性与未来研究方向

本书的研究局限性与未来研究方向主要体现在三个方面：

第一，本书从非位似偏好和企业异质性角度分析了中国服务业出口的本地市场效应，并据此构建两国框架下的理论模型来展开分析，且进一步构建计量模型进行经验检验，但服务贸易是一个非常复杂的系统，现实世界中，一国是与世界多个国家同时进行服务贸易的，国家间市场规模的差异、市场准入的差异、贸易自由化程度的差异、企业或行业规模、生产率和技术水平等差异的存在，会导致当一国本地需求份额变化时并不必然引发其他国家对应相反的变化，而在两国框架下一国需求的增加或减少必然会引起另一国需求的减少或增加。限于数据的可获得性与本书的研究目的，本书在两国框架下所探讨的本地市场效应研究路径可能是众多可行路径中的一种，不排除存在其他三国框架下更适合研究服务贸易的出口问题。

本书构建两国框架模型，主要基于如下思考：在多国框架下设立前提假设更符合现实，要优于两国模型，但目前现有文献并没有实现真正意义上的"多国模型框架"；在多国框架下的实证研究中，涉及交叉现象、第三国效应等，而目前在贸易数据中并没有相应的统计，可能会导致理论模型和实证研究的衔接和匹配存在较大的问题；多国框架模型是相对较优，但并不是说两国框架是错误的，这取决于理论分析的维度。在理论建模时，将对象国作为一个国家，其他所有国家作为另一个国家时，即考察个体与其他整体的关系，这种划分法虽然简单但并没有原则性的错误。本书想要指出的是，尽管多国框架更精准，但两国框架也是能达到目的的，特别是现阶段多国框架并没有取得突破的前提下，采用两国框架是一个可行的办法，并且这也是目前主流文献通常采用的办法，常见于贸易理论、区位选择理论等。

尽管基于两国框架下建模进行理论推导、模拟和实证分析，但本书在研究过程中已从现实出发，尽可能放松经典本地市场效应理论模型中的假设，以期给予模型更大的自由空间和使用范围，这在一定程度上加强了研究结论的适用性。

第二，近年来通信和传输技术的快速发展使服务提供方式多元化，许多原本需要生产者和消费者当面接触的服务可以利用通信、电子商务等实现跨区域、跨国界传输，不再受到提供条件的限制。已有研究表明，网络等通信传输技术渗透率的增加有利于促进服务贸易出口的增加，其原因是服务要求生产和消费的同时性，网络技术的快速发展可以有效地减少贸易成本。如果能够将网络视角引入服务业本地市场效应研究，可能会获得更加丰富的洞见，从而使得这一研究变得更加深入和完善。

第三，由于数据难以获取，已有文献大都采用加拿大弗雷泽研究所公布的全球经济自由度作为代理变量来衡量服务贸易自由化指标，本书也基于这一指标进行分析。

　　然而，对服务贸易自由化指标的测算，更合理的方法是数量法，需要从相关服务贸易协议中的开放条款整理计算而得，但是，由于无法获取中国与世界其他服务贸易伙伴的相关服务贸易协议，或者中国并没有与所有服务贸易伙伴签订服务贸易协议，难以对服务贸易自由化指标精确统一度量，这也是所有服务贸易自由化研究中不可避免的问题。本书仅在经典本地市场效应实证分析中，采用CEPA 框架下 2003～2013 年中国内地对中国香港服务贸易协议测算了内地对香港的服务贸易自由化指标，作为稳健性来进行分析。全球经济自由度从政府规模、贸易政策和信贷规则、货币政策、法律结构与产权保护、劳动力与商业管制 5 个方面来测算，包含世界上141 个经济体 1970 年、1975 年、1980 年、1985 年、1990 年、1995年、2000～2013 年经济自由度指数，指标较为完善和统一，对服务贸易自由化指标的测算在一定程度上具有可行性和可信度。

　　虽然存在上述各种局限性，但并不足以影响本书研究结论的可靠性和有效性。目前，对服务业出口的本地市场效应研究还处于起步阶段，存在大量可挖掘和深入探讨的研究空间，当然这也成为本书进一步丰富和完善的方向。因此，在后续的研究中，将从以下方面进行拓展：

　　第一，尝试构建多国框架下的服务贸易出口模型，探索多国框架下分析服务业出口本地市场效应的合理路径，进而比较两国框架与多国框架情形下的相似与差异，为服务业出口政策提供借鉴和参考。

　　第二，进一步考虑在已有模型基础上加入网络视角，分析网络渗透率不断增加的情形下，贸易成本的降低对本地市场效应的影响。

　　第三，可以考虑从服务贸易的四种类型（跨境交付、境外消费、商业存在和自然人流动）来对服务贸易自由化进行测度，比如，基于中国与其他国家之间自然人签证的难易程度与时间期限来测算自然人流动的自由程度等。总而言之，服务业出口的本地市场效应是服务贸易研究的一个新兴领域，值得多领域、跨学科的学者们进行深入细致地探索和研究。

参 考 文 献

［1］安虎森，蒋涛．块状世界的经济学——空间经济学点评．南开经济研究，2006（5）：92－103.

［2］安虎森，皮亚彬，薄文广．市场规模、贸易成本与出口企业生产率"悖论"．财经研究，2013（5）：41－50.

［3］蔡昉．中国经济面临的转折及其对发展和改革的挑战．中国社会科学，2007（3）：4－12＋203.

［4］陈丰龙，徐康宁．本土市场规模与中国制造业全要素生产率．中国工业经济，2012（5）：44－56.

［5］陈虹，章国荣．中国服务贸易国际竞争力的实证研究．管理世界，2010（10）：13－23.

［6］陈强．高级计量经济学及Stata应用（第二版）．高等教育出版社，2014.

［7］程大中．中美服务部门的产业内贸易及其影响因素分析．管理世界，2008（9）：57－66.

［8］戴觅，余淼杰，M. Madhura．中国出口企业生产率之谜：加工贸易的作用．经济学（季刊），2014（2）：675－698.

［9］范剑勇，谢强强．地区间产业分布的本地市场效应及其对区域协调发展的启示．经济研究，2010（4）：107－119＋133.

［10］胡宗彪．企业异质性、贸易成本与服务业生产率．数量经济技术经济研究，2014（7）：68－84.

［11］黄少军．服务业与经济增长．经济科学出版社，2000.

[12] 黄小兵, 黄静波. 异质企业、贸易成本与出口——基于中国企业的研究. 南开经济研究, 2013 (4): 111 – 126.

[13] 江小涓. 我国出口商品结构的决定因素和变化趋势. 经济研究, 2007 (5): 4 – 16.

[14] 江小涓. 服务全球化的发展趋势和理论分析. 经济研究, 2008 (2): 4 – 18.

[15] 江小涓. 服务业增长: 真实含义、多重影响和发展趋势. 经济研究, 2011 (4): 4 – 14 + 79.

[16] 江小涓, 李辉. 服务业与中国经济: 相关性和加快增长的潜力. 经济研究, 2004 (1): 4 – 15.

[17] 阚大学, 吕连菊. 中国服务贸易的本地市场效应研究——基于中国与 31 个国家 (地区) 的双边贸易面板数据. 财经研究, 2014 (10): 71 – 83.

[18] 李春顶, 石晓军, 邢春冰. "出口—生产率悖论": 对中国经验的进一步考察. 经济学动态, 2010 (8): 90 – 95.

[19] 梁琦. 产业集聚论. 商务印书馆, 2004.

[20] 刘文革, 王立勇, 王卉彤, 刘纪良. 中国承接离岸外包的影响因素: 实证分析与比较研究. 管理世界, 2013 (4): 178 – 179.

[21] 刘自敏, 张昕竹, 杨丹. 纯分时定价与分时阶梯定价对政策目标实现的对比分析. 数量经济技术经济研究, 2015 (6): 120 – 134.

[22] 潘文卿, 吴添. 基于自由贸易三地区经济系统的本地市场效应: 一个理论模型. 经济学报, 2014 (1): 81 – 97.

[23] 裴长洪. 我国现代服务业发展的经验与理论分析. 中国社会科学院研究生院学报, 2010 (1): 5 – 15.

[24] 裴长洪. 中国经济转型升级与服务业发展. 财经问题研究, 2012 (8): 3 – 9.

[25] 裴长洪. 全球经济治理、公共品与中国扩大开放. 经济研究, 2014 (3): 4 - 19.

[26] 裴长洪, 李程骅. 论我国城市经济转型与服务业结构升级的方向. 南京社会科学, 2010 (1): 15 - 21.

[27] 裴长洪, 杨志远. 2000 年以来服务贸易与服务业增长速度的比较分析. 财贸经济, 2012 (11): 5 - 13.

[28] 祁飞, 李慧中. "母市场效应": 来自中国制造业对外贸易面板数据的证据. 财经研究, 2011 (3): 93 - 103.

[29] 钱学锋, 黄云湖. 中国制造业本地市场效应再估计: 基于多国模型框架的分析. 世界经济, 2013 (6): 59 - 78.

[30] 钱学锋, 梁琦. 本地市场效应: 理论和经验研究的新近进展. 经济学 (季刊), 2007 (3): 969 - 990.

[31] 钱学锋, 熊平. 李嘉图比较优势、特惠贸易安排与产业集聚. 经济学 (季刊), 2009 (3): 769 - 786.

[32] 邱斌, 尹威. 中国制造业出口是否存在本土市场效应. 世界经济, 2010 (7): 44 - 63.

[33] 沈国兵, 李康. 弱势美元对中国省级出口技术水平的影响. 财经研究, 2014 (7): 97 - 107.

[34] 唐保庆, 陈志和, 杨继军. 服务贸易进口是否带来国外 R&D 溢出效应. 数量经济技术经济研究, 2011 (5): 94 - 109.

[35] 唐保庆, 黄繁华, 杨继军. 服务贸易出口、知识产权保护与经济增长. 经济学 (季刊), 2012 (1): 155 - 180.

[36] 唐海燕, 张会清. 产品内国际分工与发展中国家的价值链提升. 经济研究, 2009 (9): 81 - 93.

[37] 佟家栋, 刘竹青. 双边贸易的本地市场效应——基于东亚地区制造业部门的实证研究. 国际贸易问题, 2012 (7): 67 - 75.

[38] 王健. 中国服务贸易承诺自由化指标的建立和比较研究.

国际贸易问题，2005（3）：71 – 76.

[39] 王恕立，胡宗彪. 中国服务业分行业生产率变迁及异质性考察. 经济研究，2012（4）：15 – 27.

[40] 王恕立，刘军，胡宗彪. FDI 流入、动机差异与服务产品垂直型产业内贸易. 世界经济，2014（2）：71 – 94.

[41] 魏浩、刘吟. 对外贸易与国内收入差距：基于全球 125 个国家的实证分析. 统计研究，2011（8）：34 – 42.

[42] 文洋，张振华. 收入分配差距对我国进口贸易的影响. 国际贸易问题，2011（11）：43 – 52.

[43] 吴宏，曹亮. 服务贸易自由化：多边主义 VS 区域主义——一个新政治经济学的分析视角. 管理世界，2009（8）：165 – 166.

[44] 吴晓云，张峰. 现代服务业可迁移性和交互性的新特征及其全球化潜力——兼论对中国发展现代服务业的管理启示. 山东大学学报（哲学社会科学版），2010（1）：12 – 23.

[45] 夏杰长，刘奕，李勇坚. "十二五" 时期我国服务业发展总体思路研究. 经济学动态，2010（12）：49 – 52.

[46] 许统生，涂远芬. 中国可贸易产业本地市场效应的估计及其政策启示——基于变截距面板数据模型的分析. 经济学动态，2010（7）：66 – 70.

[47] 宣烨，徐圆，宣思源. 内需驱动与服务业国际竞争力提升——基于 "母市场效应" 的研究. 财贸经济，2015（3）：136 – 149.

[48] 杨娟，赖德胜，邱牧远. 如何通过教育缓解收入不平等. 经济研究，2015（9）：86 – 99.

[49] 杨汝岱. 中国工业制成品出口增长的影响因素研究：基于 1994～2005 年分行业面板数据的经验分析. 世界经济，2008（8）：32 – 41.

[50] 杨汝岱，姚洋. 有限赶超与经济增长. 经济研究，2008

(8)：29 - 41 + 64.

[51] 姚战琪. 工业和服务外包对中国工业生产率的影响. 经济研究，2010（7）：91 - 102.

[52] 余淼杰. 加工贸易、企业生产率和关税减免——来自中国产品面的证据. 经济学（季刊），2011（4）：1251 - 1280.

[53] 张帆，潘佐红. 本土市场效应及其对中国省间生产和贸易的影响. 经济学（季刊），2006（1）：307 - 328.

[54] 张杰，李勇，刘志彪. 出口与中国本土企业生产率——基于江苏制造业企业的实证分析. 管理世界，2008（11）：50 - 64.

[55] 张军，吴桂英，张吉鹏. 中国省际物质资本存量估算：1952～2000. 经济研究，2004（10）：35 - 44.

[56] 张礼卿，孙俊新. 出口是否促进了异质性企业生产率的增长：来自中国制造企业的实证分析. 南开经济研究，2010（4）：110 - 122.

[57] 张世贤. 阀值效应：技术创新的低产业化分析——以中国医药技术产业化为例. 中国工业经济，2005（4）：45 - 52.

[58] 张曙光，赵农. 市场化及其测度——兼评《中国经济体制市场化进程研究》. 经济研究，2000（10）：73 - 77.

[59] 张先锋，阮文玲. 非位似偏好、本地市场效应与技能溢价. 南开经济研究，2014（3）：67 - 83.

[60] 张学勇，陶醉. 收入差距与股市波动率. 经济研究，2014（10）：152 - 164.

[61] 张亚斌，冯迪，张杨. 需求规模是诱发本地市场效应的唯一因素吗？. 中国软科学，2012（11）：132 - 146.

[62] 赵伟，赵金亮. 生产率决定中国企业出口倾向吗——企业所有制异质性视角的分析. 财贸经济，2011（5）：100 - 105.

[63] 周念利. 缔结"区域贸易安排"能否有效促进发展中经济体的服务出口. 世界经济，2012（11）：88 - 111.

[64] 朱希伟，金祥荣，罗德明. 国内市场分割与中国的出口贸易扩张. 经济研究, 2005 (12): 68 – 76.

[65] Anderson, J., and E. V. Wincoop. Trade Costs. Journal of Economic Literature, 2004, Vol. 42 (3), 691 – 751.

[66] Arellano, M., and S. Bond. Some Tests of Specification for Panel Data: Monte Carlo Evidence and an Application to Employment Equations. The Review of Economic Studies, 1991, Vol. 58 (2), 277 – 297.

[67] Baier, S. L., and J. H. Bergstrand. The Growth of World Trade: Tariffs, Transport Costs, and Income Similarity. Journal of International Economics, 2001, Vol. 53 (1), 1 – 27.

[68] Baldwin, R. Heterogeneous Firms and Trade: Testable and Untestable Properties of the Melitz Model. NBER Working Paper No. 11471, 2005.

[69] Baldwin, R., R. Forslid, P. Martin, et al. Economic Geography and Public Policy. Princeton NJ: Princeton University Press, 2003.

[70] Baldwin, R., and T. Okubo. Heterogeneous Firms, Agglomeration and Economic Geography: Spatial Selection and Sorting. Journal of Economic Geography, 2006, Vol. 6 (3), 323 – 346.

[71] Behrens, K., A. Lamorgese, G. Ottaviano, and T. Tabuchi. Testing the 'Home Market Effects' in a Multi – Country World: A Theory – Based Approach. CEPR Discussion Papers No. 4468, 2004.

[72] Bergstrand, J. H. The Heckscher – Ohlin – Samuelson Model, the Linder Hypothesis, and Determinants of Bilateral Intra – Industry Trade, Economic Journal. 1990, Vol. 100 (403), 1216 – 1229.

[73] Bernard, A. B., J. Eaton, J. B. Jensen, and S. Kortum. Plants and Productivity in International Trade. American Economic Review, 2003, Vol. 93, 1268 – 1290.

[74] Bernard, A. B. , S. J. Redding, and P. K. Schott. Comparative Advantage and Heterogeneous Firms. Review of Economic Studies, 2007, Vol. 74 (1), 31 – 66.

[75] Bhagwati, J. N. Why Are Services Cheaper in the Poor Countries? . The Economic Journal, 1984, Vol. 94 (374), 279 – 286.

[76] Blundell, R. and S. Bond. Initial Conditions and Moment Restrictions in Dynamic Panel Data Models. Journal of Econometrics, 1998, Vol. 87 (1), 115 – 143.

[77] Bouvatier, V. Heterogeneous Bank Regulatory Standards and the Cross-border Supply of Financial Services. Economic Modelling, 2014, Vol. 40, 342 – 354.

[78] Brülhart, M. , and F. Trionfetti. A Test of Trade Theories when Expenditure Is Home Biased. CEPR Discussion Papers No. 5097, 2005.

[79] Bryson, J. R. , and P. W. Daniels. Service Industry in the Global Economy, Vol. I and II. Edward Elgar Publishing Limited, 1998.

[80] Caves, D. W. , L. R. Christensen, and W. E. Diewert. Multilateral Comparisons of Output, Input, and Productivity Using Superlative Index Numbers. The Economic Journal, 1982, Vol. 92 (365), 73 – 86.

[81] Ceglowski, J. Does Gravity Matter in a Service Economy? . Review of World Economics, 2006, Vol. 142 (2), 307 – 329.

[82] Chen, C. M. , and D. Z. Zeng. The Home Market Effect: Beyond the Constant Elasticity of Substitution. Tohoku University Working Paper, 2014.

[83] Choi, C. The Effect of the Internet on Service Trade. Economics Letters, 2010, Vol. 109 (2), 102 – 104.

[84] Coffey, W. J. and M. Polese. Producer Services and Regional Development: A Policy-oriented Perspective. Papers of the Regional Science Association, 1989, Vol. 61 (1), 13 – 27.

[85] Combes, P. P., G. Duranton, L. Gobillon. Spatial Wage Disparities: Sorting Matters! . Journal of Urban Economics, 2008, Vol. 63 (2), 723 – 742.

[86] Crawford, J. A., R. Fiorentino. The Changing Landscape of Regional Trade Agreements. Discussing Paper No. 8, 2005.

[87] Crozet, M., and F. Trionfetti. Trade Costs and the Home Market Effect. Journal of International Economics, 2008, Vol. 76 (2), 309 – 321.

[88] Dalgin, M., V. Trindade, D. Mitra. Inequality, Non-homothetic Preferences, and Trade: A Gravity Approach. Southern Economic Journal, 2008, Vol. 74 (3), 747 – 774.

[89] Davis, D. The Home Market, Trade and Industrial Structure. American Economic Review, 1998, Vol. 88, 1264 – 1276.

[90] Davis, D., and D. Weinstein. Does Economic Geography Matter for International Specialisation? . NBER Working Paper No. 5706, 1996.

[91] Davis D., and D. Weinstein. Economic Geography and Regional Production Structure: An Empirical Investigation. European Economic Review, 1999, Vol. 43 (2), 379 – 407.

[92] Davis D., and D. Weinstein. Market Access, Economic Geography and Comparative Advantage: An Empirical Test. Journal of International Economics, 2003, Vol. 59 (1), 1 – 23.

[93] Deardorff, A. V. Comparative Advantage and International Trade and Investment in Services, Research Seminar in International Economics. The University of Michigan, 1985.

[94] Dixit, A. K., J. E. Stiglitq. Monopolistic Competition and Optimum Product Diversity. American Economic Review, 1977, Vol. 67, 297 – 308.

[95] Fajgelbaum, P., G. M. Grossman, and E. Helpman. Income Distribution, Product Quality, and International Trade. Journal of Political Economy, 2011, Vol. 119 (4): 721 – 765.

[96] Falvey, R. E., D. Greenaway, and Z. Yu. Intra-industry Trade between Asymmetric Countries with Heterogeneous Firms. University of Nottingham Research Paper No. 05, 2004.

[97] Falvey, R. E., and N. Gemmell. Are Services Income Elastic? Some New Evidence. Review of Income and Wealth, 1996, Vol. 42 (3), 257 – 269.

[98] Francois, J. F. Trade in Producer Services and Returns Due to Specialization under Monopolistic Competition. The Canadian Journal of Economics, 1990, Vol. 23 (1), 109 – 124.

[99] Francois, J. F., and S. Kaplan. Aggregate Demand Shifts, Income Distribution, and the Linder Hypothesis. The Review of Economics and Statistics, 1996, Vol. 78 (2), 244 – 250.

[100] Freund, C., and D. Weinhold. The Internet and International Trade in Services. The American Economic Review, 2002, Vol. 92 (2), 236 – 240.

[101] Fujita, M., P. Krugman, and A. J. Venables. The Spatial Economy: Cities, Regions, and International Trade Cambridge. MA: The MIT Press, 2000.

[102] Gervais, A., and J. B. Jensen. The Tradability of Services: Geographic Concentration and Trade Costs. NBER Working Paper No. 19759, 2013.

[103] Ghironi, F. and M. J. Melitz. International Trade and Macro-

economic Dynamics with Heterogeneous Firms. The Quarterly Journal of Economics, 2005, Vol. 120 (3), 865 – 915.

[104] Grossman, G. M., and E. Rossi – Hansberg. Trading Tasks: A Simple Theory of Offshoring. The American Economic Review, 2008, Vol. 98 (5), 1978 – 1997.

[105] Grossman, G. M., and G. Maggi. Diversity and Trade. The American Economic Review, 2000, Vol. 90 (5), 1255 – 1275.

[106] Grünfeld, L. A. and A. Moxnes. The Intangible Globalization: Explaining the Patterns of International Trade in Services. Norwegian Institute for International Affairs, 2003.

[107] Hamilton, B. W. Using Engel's Law to Estimate CPI Bias. The American Economic Review, 2001, Vol. 91 (3), 619 – 630.

[108] Hansen, L. S. Development Time and Activity Threshold of Trichogramma Turkestanica on Ephestia Kuehniella in Relation to Temperature. Entomologia Experimentalis Et Applicata, 2000, Vol. 96 (2), 185 – 188.

[109] Hanson, G. H. and C. Xiang. The Home – Market Effect and Bilateral Trade Patterns. American Economic Review, 2004, Vol. 94 (4), 1108 – 1129.

[110] Head, K., and J. Ries. Increasing Returns versus National Product Differentiation as an Explanation for the Pattern of US – Canada Trade. The American Economic Review, 2001, Vol. 91 (4), 858 – 876.

[111] Head, K., and T. Mayer. The Empirics of Agglomeration and Trade. CEPR Working Paper No. 3985, 2004.

[112] Head K., T. Mayer, and J. Ries. On the Pervasiveness of Home Market Effects. Economica, 2002, Vol. 69 (275), 371 – 390.

[113] Heckscher, E. F. The Effect of Foreign Trade on the Distri-

bution of Income （in Swedish）. Ekonomisk Tidskrift, 1919, Vol. 21 （2）, 1 – 32.

［114］Helpman, E. , M. J. Melitz, and S. R. Yeaple. Export versus FDI. NBER Working Paper Series w9439, 2003.

［115］Helpman, E. , and P. Krugman. Market Structure and Foreign Trade. MIT Press, 1985.

［116］Hill, T. P. On Goods and Services. Review of Income and Wealth, 1977, Vol. 23 （4）, 315 – 338.

［117］Hindley, B. and A. Smith. Comparative Advantage and Trade in Services. The World Economy, 1984, Vol. 7 （4）, 369 – 390.

［118］Hoekman, B. , and C. P. Braga. Protection and Trade in Services: A Survey. Open Economies Review, 1997, Vol. 8, 285 – 308.

［119］Holmes, T. J. , and J. J. Stevens. Does Home Market Size Matter for the Pattern of Trade? . Journal of International Economics, 2005, Vol. 65 （2）, 489 – 505.

［120］Hopenhayn, H. Entry, Exit, and Firm Dynamics in Long Run Equilibrium. Econometrica, 1992, Vol. 60 （2）, 1127 – 1150.

［121］Huang, Y. Y. , C. T. Lee, and D. S. Huang. Home Market Effects in the Chamberlinian – Ricardian World. Bulletin of Economic Research, 2013, Vol. 66 （3）, 25 – 49.

［122］Hufbauer, G. C. , J. J. Schott, and M. Adler, et al. Figuring Out the Doha Round. Peterson Institute for International Economics, 2010, Vol. 91, 1 – 73.

［123］Hunter, L. The Contribution of Nonhomothetic Preferences to Trade. Journal of International Economics, 1991, Vol. 30 （3 – 4）, 345 – 358.

［124］Hunter, L. , J. Markusen. Per Capita Income as a Basis for Trade, Empirical Methods for International Trade. Cambridge: MIT Press, 1988.

［125］Jeffrey, J. R. Global Production Sharing and Trade in the Services of Factors. Journal of International Economics, 2006, Vol. 68 (2), 384 –408.

［126］Jensen, J. B. Global Trade in Services: Fear, Facts, and Offshoring. Washington: Georgetown University, 2011.

［127］Jensen, J. , and D. G. Tarr. Deep Trade Policy Options for Armenia: The Importance of Trade Facilitation, Services and Standards Liberalization. Economics-the Open – Access, Open – Assessment E – Journal, 2012, Vol. 6 (1), 1 –54.

［128］Jones R. W. , and H. Kierzkowski. Neighborhood Production Structures, with an Application to the Theory of International Trade. Oxford Economic Papers, 1986, Vol. 38 (1), 59 –76.

［129］Kimura, F. , and H. Lee. The Gravity Equation in International Trade in Services. Review of World Economics, 2006, Vol. 142 (1), 92 –121.

［130］Konan, D. E. , K. E. Maskus. Quantifying the Impact of Services Liberalization in a Developing Country. Journal of Development Economics, 2006, Vol. 81 (1), 142 –162.

［131］Koskela, E. and M. Puhakka. Stone – Geary preferences in Overlapping Generations Economies under Pure Exchange: A Note. Journal of Macroeconomics, 2007, Vol. 29 (4), 976 –982.

［132］Krugman, P. Scale Economies, Product Differentiation, and the Pattern of Trade. The American Economic Review, 1980, Vol. 70, 950 –959.

［133］Krugman, P. The Hub Effect: or, Threeness in International Trade, in Ethier, W. , E. Helpman, and J. Neary (eds.) , Theory, Policy and Dynamics in International Trade. Cambridge: Cambridge University Press, 1993.

[134] Krugman, P. , and A. J. Venables. How Robust Is the Home Market Effect? . Mimeo, MIT and LSE, 1999.

[135] Larch, M. The Home Market Effect in Models with Multinational Enterprises. Review of International Economics, 2007, Vol. 15 (1) , 62 – 74.

[136] Latzer, H. , F. Mayneris. Trade in Quality and Income Distribution: An Analysisi of the Enlarged EU Market. Bureau d ' Economie Théorique et Appliquée Working Paper, 2011.

[137] Laussel, D. , and T. Paul. Trade and the Location of Industries: Some New Results. Journal of International Economics, 2007, Vol. 71 (1) , 148 – 166.

[138] Lileeva, A. , and D. Trefler. Improved Access to Foreign Markets Raise Plant – Level Productivity. The Quarterly Journal of Economics, 2010, Vol. 121 (2) , 1053 – 1099.

[139] Linder, S. B. An Essay on Trade and Transformation. New York: Wiley & Sons, 1961.

[140] Lu, D. Exceptional Exporter Performance? Evidence from Chinese Manufacturing Firms. Chicago University, 2010.

[141] Lu, J. , Y. Lu, and Z. Tao. Exporting Behavior of Foreign Affiliates: Theory and Evidence. Journal of International Economics, 2010, Vol. 81, 197 – 205.

[142] Markusen, J. R. Trade in Producer Services and in Other Specialized Intermediate Inputs. The American Economic Review, 1989, Vol. 79 (1) , 85 – 95.

[143] Markusen, J. R. , and A. J. Venables. The Theory of En-

dowment, Intra-industry and Multi-national Trade. Journal of International Economics, 2000, Vol. 52 (2), 209 – 234.

[144] Markusen, J. R. , and B. Strand. Adapting the Knowledge-capital Model of the Multinational Enterprise to Trade and Investment in Business Services. The World Economy, 2009, Vol. 32 (1), 6 – 29.

[145] Marrewijk, V. C. , J. Stiborab, A. D. Vaal, et al. Producer Services, Comparative Advantage, and International Trade Patterns. Journal of International Economics, 1997, Vol. 42 (1), 195 – 220.

[146] Mattoo A. , A. Subramanian, R. Rathindran. Measuring Services Trade Liberalization and Its Impact on Economic Growth: An Illustration. Research Working Papers, 2006, Vol. 21 (1), 64 – 98.

[147] Melitz, M. J. The Impact of Trade on Intra – Industry Reallocations and Aggregate Industry Productivity. Econometrica, 2003, Vol. 71 (6), 1695 – 1725.

[148] Mill, J. S. Principles of Political Economy with Some of Their Applications to Social Philosophy. New York: Penguin, 1848.

[149] Miroudot, S. , J. Sauvage, and B. Shepherd. Trade Costs and Productivity in Services Sectors. Economics Letters, 2012, Vol. 114 (1), 36 – 38.

[150] Morrow, P. M. Ricardian – Heckscher – Ohlin Comparative Advantage: Theory and Evidence. Journal of International Economics, 2010, Vol. 82 (2), 137 – 151.

[151] Nasir, S. , and K. Kalirajan. Export Performance of South and East Asia in Modern Services. ASARC Working Papers, 2013, Vol. 19, 1 – 19.

[152] Ohlin, B. G. Interregional and International Trade. Cambridge, MA: Harvard University Press, 1933.

［153］ Okubo, T., and V. Rebeyrol. Home Market Effect and Regulation Costs Homogeneous Firm and Heterogeneous Firm Trade Models. HEI Working Paper NO. 02, 2006.

［154］ Olley, G. S., A. Pakes. The Dynamics of Productivity in the Telecommunications Equipment Industry. Econometrica, 1996, Vol. 64 (6), 1263 – 1297.

［155］ Ottaviano, G., F. Robert – Nicoud. The 'genome' of NEG Models with Vertical Linkages: A Positive and Normative Synthesis. Journal of Economic Geography, 2006, Vol. 6, 113 – 139.

［156］ Posner, M. V. International Trade and Technical Change, Oxford Economic Papers. New Series, 1961, Vol. 13 (3), 323 – 341.

［157］ Ricardo, D. The Principles of Political Economy and Taxation. Cambridge University Press, 1817.

［158］ Robert – Nicoud, F. The Structure of Simple 'New Economic Geography' Models (or, on Identical Twins). Journal of Economic Geography, 2004, Vol. 4, 1 – 34.

［159］ Samuelson, P. A. The Transfer Problem and Transport Cost, II: Analysis of Effects of Trade Impediments. The Economic Journal, 1954, Vol. 64, 264 – 289.

［160］ Sapir, A., E. Lutz. Trade in Non-factor Services: Past Trends and Current Issues. Staff Working Paper, 1980.

［161］ Schumacher, D., and B. Siliverstovs. Home – Market and Factor – Endowment Effects in a Gravity Approach. Review of World Economics, 2006, Vol. 142, 330 – 353.

［162］ Smeets, V. and F. Warzynski. Estimating Productivity with Multi-product Firms, Pricing Heterogeneity and the Role of International Trade. Journal of International Economics, 2013, Vol. 90 (2), 237 – 244.

[163] Suedekum, J. Identifying the Dynamic Home Market Effect in a Three-country Model. Journal of Economics, 2007, Vol. 92 (3), 209 – 228.

[164] Trionfetti, F. Using Home – Biased Demand to Test for Trade Theories. Weltwirtschaftliches Archiv, 2001, Vol. 137, 404 – 426.

[165] Van der Marel, E. Trade in Services and TFP: The Role of Regulation. The World Economy, 2012, Vol. 35 (11), 1530 – 1558.

[166] Venables, A. Winners and Losers from Regional Integration Agreements. Economic Journal, 2003, Vol. 113 (490), 747 – 761.

[167] Weder, R. Linking Absolute and Comparative Advantage to Intra – Industry Trade Theory. Review of International Economics, 1995, Vol. 3 (3), 342 – 354.

[168] Weder, R. Comparative Home Market Advantage: An Empirical Analysis of British and American Exports. Review of World Economics, 2003, Vol. 139 (2), 220 – 247.

[169] Wu, Y. R. China's Capital Stock Series by Region and Sector. Working Paper No. 0902, University of Western Australia, 2009.

[170] Young, A. Gold into Base Metals: Productivity Growth in the People's Republic of China during the Reform Period. Journal of Political Economy, 2003, Vol. 111 (6): 1220 – 1261.

[171] Yu, Z. H. Trade, Market Size, and Industrial Structure: Revisiting the Home-market Effect. The Canadian Journal of Economics, 2005, Vol. 38 (1), 255 – 272.

[172] Zeng, D. Z. , and T. Kikuchi. Home Market Effect and the Agricultural Sector. ERSA Conference Papers, 2005.

附　录

附表 1　　　CEPA 框架下内地向香港开放服务部门及行业情况

单位：个

开放行业数量　服务部门	主体、六个附件	补充协议一	补充协议二	补充协议三	补充协议四	补充协议五	补充协议六	补充协议七	补充协议八	补充协议九	补充协议十
商业 (46)	15	20	20	23	32	34	37	41	43	44	44
通信 (24)	9	11	11	13	19	19	22	22	22	22	22
建筑 (5)	5	5	5	5	5	5	5	5	5	5	5
经销 (5)	4	5	5	5	5	5	5	5	5	5	5
教育 (5)	0	0	0	0	0	0	0	0	0	4	4
环境 (4)	0	0	0	0	4	4	4	4	4	4	4
金融 (22)	17	17	17	17	17	17	19	20	20	22	22
保健和社会服务 (4)	0	0	0	0	1	1	1	4	4	4	4
旅游 (4)	3	3	3	3	3	4	4	4	4	4	4
娱乐文化和体育 (5)	0	2	2	2	3	3	3	3	4	4	4

续表

服务部门 \ 开放行业数量	主体、六个附件	补充协议一	补充协议二	补充协议三	补充协议四	补充协议五	补充协议六	补充协议七	补充协议八	补充协议九	补充协议十
运输（35）	9	14	18	18	21	22	26	26	28	30	30
其他（1）	1	1	1	1	1	1	1	1	1	1	1
合计（160）	63	78	82	87	111	115	127	135	140	149	149
开放领域	11	18	25	27	38	40	42	44	47	48	50
年度开放措施	73	45	20	15	40	29	29	27	23	37	65
累计开放措施	73	118	138	153	193	222	251	278	301	338	403

注：CEPA 框架下服务行业划分主要使用 WTO《服务贸易总协定》服务部门分类法（GNS/W/120），包含商业、通信、建筑和相关工程、经销、教育、环境、金融、保健和社会服务、旅游业和与旅行相关服务、娱乐文化和体育服务、其他服务等 12 个服务部门（也称大类），每个服务部门又包含若干服务行业（即小类，参见括号中的数字），12 个服务部门合计划分为 160 个服务行业。

数据来源：作者根据历年 CEPA 协议内容整理所得。

附表2　　2003～2013年CEPA框架下内地对香港服务业开放的贸易自由化指数

单位：%

	2003	2004	2005	2006	2007	2008	2009	2010	2011	2012	2013
金融服务	33.9	36.8	37.2	37.7	38.2	39.1	43.9	53.2	54.0	62.9	65.0
保险服务	40.0	40.0	40.0	40.0	61.0	61.0	61.0	61.0	64.0	64.0	64.0
计算机和信息服务	0.0	20.0	20.0	20.8	52.8	52.8	52.8	52.8	52.8	64.8	65.0
通讯服务	17.9	24.8	25.3	30.4	44.2	44.2	53.5	53.8	53.8	54.7	56.5
版税及许可费服务	26.0	36.0	43.8	46.2	47.0	54.4	55.2	56.8	58.4	59.2	59.6
其他商业服务	19.8	24.5	24.9	30.1	52.0	56.3	61.9	68.7	72.8	73.8	74.4
运输服务	16.3	26.3	34.2	35.2	44.7	47.3	56.7	56.8	60.9	65.6	66.4
旅游服务	37.5	37.5	38.5	39.5	41.0	59.5	60.3	60.8	61.8	62.8	65.0
个人、文化和娱乐服务	0.0	9.2	9.2	9.2	21.2	21.2	21.4	30.1	36.4	57.4	57.9
其他服务	0.0	40.0	40.0	40.5	40.8	41.3	41.5	42.0	42.5	42.8	43.0
算数平均	19.1	29.5	31.3	33.0	44.3	47.7	50.8	53.6	55.7	60.8	61.7
加权平均	21.8	26.4	27.4	31.5	49.4	55.4	60.6	65.6	68.9	70.4	70.8

注：按照联合国中央产品分类法（CPC，United Nations Provisional Central Product Classification），将服务贸易部门分为运输、旅游、通讯、建筑、保险、金融、计算机信息、版税和授权信息、其他商务服务、其他文化娱乐服务、个人文化娱乐服务，与政府相关服务的服务11个大类，与WTO的服务部门分类法存在微小差异。因此，本书计算CEPA服务贸易自由化指数时，需要按照联合国中央产品分类法进行同部的调整。

数据来源：作者根据历年CEPA协议内容与香港特别行政区政府统计处《香港服务贸易统计报告》（2001～2014年）数据整理所得。

后　　记

　　行文至此，便意味着自己的学生生涯行将结束。游学羊城七载，离别在即，百感交集。

　　昨夜在工作室再次翻阅了俄罗斯民族诗人米哈依尔·莱蒙托夫的《帆》，其追逐理想的切实感受化为后世传颂的佳句：一只船孤独地航行在海上，它既不寻求幸福，也不逃避幸福，它只是向前航行，底下是沉静碧蓝的大海，而头顶是金色的太阳。将要直面的，已成过往的，较之深埋于它内心的皆为微沫。博士毕业在即重读这几句诗，却有了更贴切的感受。一路走来，有太多的不易，回忆起这些酸甜苦辣，几近潸然，此刻，我最想感谢帮助过我的恩师、挚友和亲人！

　　幸遇良师，终身受益。我的导师毛艳华教授常识渊博、温文尔雅。三年来对我关怀倍至。专业基础知识较为薄弱的我，时常得到导师不厌其烦的指点和鼓励。导师是一位治学严谨的人，他的贸易与集聚文献选读和各种项目报告让我了解到如何开展学术研究，学会如何寻找有意义的研究话题，为后续的研究工作打下了扎实的基础；导师是一位思想自由的人，经常鼓励学生在例会上自由地表达自己的学术观点，并鼓励学生自己寻找感兴趣的话题深入探讨；导师是一位一丝不苟的人，对于文章的写作，如何写摘要、引言和边际贡献，甚至如何使用标点符号，先生都会逐字逐句的斟酌；导师更是一位关怀学生的人，时刻关心学生的学业，更关心学生的生活，会为学生的幸福由衷开心！这一切一切都让我敬佩和感动，今后我无论走向何方，灵魂深处抹不去的是导师倾心专注培养所留下的烙印！

在华南师范大学度过了三年，那里有很多快乐的时光和美好的回忆！我的硕士导师杨清教授非常注重对学生因人而异的培养，非常感谢您在学术上引我入门，给予我大胆发言、表达观点的机会，来锻炼我的勇气和胆识，是我成长的重要原因。即使在读博期间，您也经常给我打电话，问候我的学习和生活，一直支持我、开导我、鼓励我。恩师恩情，永存心间！也感谢华南师范大学董佺老师，您就像我们的大师兄，我们有什么问题都直接问您，您每次都很热心地在第一时间给我们解答；同时，也感谢俞梅珍教授、李继东教授等。这里也要特别感谢我的舍友张彦同学，七年来一直都很关心我的学习和生活，帮我解决困惑！

善之本在教，教之本在师。在中山大学求学的四年，我庆幸自己得到众多的悉心指导。在专业课与研究方法的学习中，梁琦教授敏锐的学术灵感、超强的学术洞察力和故事感极强的写作能力与深厚坚实的学术功力，都令我受益匪浅；岭南学院王美今教授和林建浩老师的计量经济学课程打开了我通往计量分析的大门，引发了我对实证分析的浓厚兴趣，他们大量的文献阅读、每周精心准备的课件和office2时间，诠释了什么是认真治学，更让我明白什么是真正负责，令我至今依然受益；管理学院陈斌老师的高级微观经济学逻辑缜密、推导严谨；黄炽森教授和吴晨光老师的管理学前沿方法和旅游学课程幽默生动，思维开放独特，旁征博引、案例丰富。感谢陈斌老师和罗浩老师对我博士论文开题和预答辩给予的悉心指导！感谢博士论文答辩期间广东省社会科学院王珺教授、华南理工大学经济与贸易学院丁焕峰教授、华南师范大学经济与管理学院刘志铭教授、中山大学管理学院符正平教授和李非教授对博士论文的认真点评，很幸运得到答辩专家委员会对论文的认可，并推荐了广东省优秀博士论文！感谢参加学术会议期间给予我指导和帮助的清华大学公共管理学院杨永恒老师、上海交通大学陆铭教授、复旦大学陈钊教授等。此外，还要感谢教务与学位办公室的刘敏老师和何培禄老师、博士生工作室的黄翠红老师对我学习和工作的关心。

攻读博士是一场考验灵魂与意志的漫长修行，强健的体魄是这场修行的后盾支撑。孩提时的我便喜欢田野劳动，喜欢开阔的大自然，看着一望无际的绿叶，呼吸着清新的空气，甚是开心！这养成了我爱疯玩疯跑，更爱锻炼的习惯，而且这种习惯一直持续至今。读 paper 需要久坐且长时间对着电脑，需要消耗脑力和体力，到二年级下学期或三年级上学期的时候，眼睛和身体可能都会有不同程度的不舒服，并且可能要承受很大的心理和精神压力，因而博士生很需要健康的身体素质和积极乐观的生活学习态度。当然，健身房绝对是一个绝佳的场所！很感谢曾立教练和王萍教练的专业指导，更感谢闫雪凌和陈崇萍作为我健身的伴友，身心俱疲眼睛酸痛时，我们一起去健身房跑步机狂跑一个小时，抑或上美操和动感单车有氧课程，或是进入瑜伽的冥想状态，感受大汗淋漓后的畅快发泄和体验多巴胺带来的愉快感！我们相互鼓励、共同坚持，共同加油！身心结合的锻炼确实会给予我们很多正能量！著名作家和翻译家杨绛女士曾说，你的问题主要在于读书不多而想得太多，的确，博士学习生活虽然确实会存在一些不顺利或不如意的情况，但我们相互打气，减少负能量的吐槽，时刻督促自己保持积极乐观，多读书多读文章，提高求知欲和增强耐心的锻炼。一个人经过不同程度的磨炼，就会获得不同程度的修养，不同程度的效益。好比香料，捣得愈碎，磨得愈细，香得愈浓烈。

学术研究不仅要学会"躲进小楼成一统，管他春夏与秋冬"的执着坚守，享受"无丝竹之乱耳"的孤寂安静，还要培养"要看银山拍天浪，开窗放入大江来"的沟通交流习惯。四年来，有幸遇到了许多思维开放、博识多通、真诚友善的朋友。同专业陈强远师兄是我读博期间的学术标杆，他敏锐的学术视角，深厚的理论功底，超强的软件技术工具使用和严谨专注的学术态度对我影响很大，很感谢他在我每次无助气馁时对我的鼓励，感谢他在我论文写作过程中对我无私的帮助和指导！感谢能够作为外来人参与每两周一次的王家军 seminar，与万陆师兄、杨本建师兄、金晓雨师兄、曹佳斌博士、李威博士等进行学术探讨，大大加深了理论知识，扩展了学术视野，受到很大启发。

感谢读博路上陪伴我努力奋斗的同窗好友，一起走过的日子很开心更值得珍惜，也让我学会很多。靖金静博士思想自由独特、感性浪漫，总是折服于她独到的想法和精彩的语言表达，更赞叹典型双鱼座的她浪漫富于幻想的文采；周艳利博士逻辑缜密，喜欢逛天涯的她对每件事情都有她独到深刻的见解，总能看到我看不到更想不到的地方，而且似乎在何时何种状况下她都能有清晰的思维逻辑，很感谢她在我论文写作和修改中对于行文结构和语言精简的帮助；施燕平博士活泼开朗、乐观上进，在学业和生活上给我树立了榜样，她一边在高校讲课，一边照顾幼小的女儿，每周二四讲完课都要坐近两个小时的公交和地铁来旁听高级计量经济学，风雨无阻，佩服她超强的办事能力，总能把工作生活处理得井井有条，更佩服她的毅力和干劲！谢永勤博士热情细腻，很感谢她对我生活无微不至的照顾；感谢韩剑博士无论怎么忙，当我遇到学术困惑问题时总能第一时间提供帮助；感谢蔡敏容博士和蒋华林博士在我心情低落时耐心帮我分析给予指导；感谢钟科博士对学术期刊、网址以及有趣文献的无私提供；感谢姚洋洋、卢禹、贾键涛和叶文平小师弟对我学习生活的帮助！同时，感谢"毛家茶馆"的兄弟姐妹们和其他所有帮助、指导我的小伙伴们，和你们一起学习的日子很美好，想到你们，心情就格外开心。

此外，我要特别地感谢我的父母和家人。二十七年来，我的父母含辛茹苦将我们兄妹三人抚养成人，每次回家看到双亲日渐衰老都忍不住难过很久。在千里之外的羊城游学七年，父母在家乡日夜思念着我，我也常常在夜深人静、身心俱疲的时候思念着他们。感谢我的哥哥嫂嫂、姐姐姐夫理解并支持我攻读博士学位，你们帮我分担了家庭的责任。感谢我可爱的小侄女侄儿和外甥女，他们奇妙的思维和奶声奶气的话语给我的学习生活增添了很多乐趣……

最后，还要感谢中南财经政法大学工商管理学院经贸系列文库出版基金所给予的资助！感谢王柳松编辑为本书的出版投入了大量心血！

踏上旅途。康乐园绿荫和羊城暮雨的意象终会在远方的梦中重现，我思念这个美丽的地方！默默地鼓励自己：没有比人更高的山，没有比脚更长的路。心怀感恩、继续努力、大胆前行！

感恩，感动，感激，感谢！祝福所有关心和帮助我的人健康幸福快乐！

李敬子

二零一六年八月于晓南湖